So gelingt der Tagesablauf in der Krippe
Tipps und Tricks für den Krippenalltag

Daily routines for day nurseries – getting it right
Tips & tricks for mastering everyday life in day nurseries

Impressum
Imprint

So gelingt der Tagesablauf in der Krippe
Tipps und Tricks für den Krippenalltag

Daily routines for day nurseries – getting it right
Tips & tricks for mastering everyday life in day nurseries

Autoren
Antje Bostelmann, Christian Engelbrecht

Übersetzung ins Englische
Phoebe Indetzki für LUND Languages, Köln

Fotos
Barbara Dietl – www.dietlb.de
Claudia Prietzel

Gestaltung und Illustrationen
Sebastian Vollmar

Lektorat
Christian Engelbrecht, Katharina Koch

Druckerei
Druckerei Uwe Nolte, Iserlohn
Gedruckt auf chlorfrei gebleichtem Papier

Verlag
Bananenblau – Der Praxisverlag für Pädagogen
Mail: info@bananenblau.de
www.bananenblau.de

© Bananenblau 2016
ISBN 978-3-942334-51-8

Die Fotos wurden in der Klax Kinderkrippe Sonnenhaus in Berlin aufgenommen.

Alle verwendeten Texte, Fotos und grafischen Gestaltungen sind urheberrechtlich geschützt und dürfen ohne Zustimmung des Urhebers bzw. Rechteinhabers außerhalb der urheberrechtlichen Schranken nicht von Dritten verwendet werden, insbesondere, jedoch nicht abschließend, weder vervielfältigt, bearbeitet, verbreitet, öffentlich vorgetragen, aufgeführt, vorgeführt oder zugänglich gemacht, gesendet oder sonst wie Dritten zugänglich gemacht werden.

Inhalt
Content

4	Vorwort	114	**Mittag**	4	Preface	114	*Lunch*
8	Alltag mit Struktur	118	Speiseplankorb	8	Structure for everyday life	118	*Menu basket*
16	Die Tagesablaufuhr	120	Lebensmittelkarten	16	The daily routine clock	120	*Food cards*
18	**Ankommenszeit**	122	**Mittagsruhe**	18	*Arrival time*	122	*Midday nap*
24	Frühe Spielzeit	126	Einschlaf-Körbchen	24	*Early play time*	126	*Nap time basket*
28	Elternzeit	128	Schnuller-Tafel	28	*Parent time*	128	*Dummy board*
32	Mitmachzeit	132	„Ich-bin-bei-dir"-Zeit	32	*Together time*	132	*"I'm here" time*
36	**Frühstück**	136	**Vesper**	36	*Breakfast*	136	*Afternoon snack*
42	Gruppenfrühstück	140	Buffet	42	*Breakfast in the group*	140	*Buffet style*
44	Offenes Frühstück	142	Elternvesper	44	*Open breakfast*	142	*Afternoon snack with parents*
46	Elternfrühstück			46	*Breakfast with parents*		
48	**Morgenkreis**	144	**Abschlusskreis**	48	*Morning circle time*	144	*Afternoon circle time*
54	Erzähltag	148	Wie war's?	54	*Talk day*	148	*How was it?*
56	Spieletag	150	Das haben wir heute gemacht	56	*Play day*	150	*This is what we did today*
58	Geschichtentag	152	Das machen wir morgen	58	*Story Day*	152	*This is what we'll be doing tomorrow*
60	Wettertag			60	*Weather day*		
62	Ich-Buch-Tag	154	**Spätbetreuung**	62	*Me-book day*	154	*Late afternoon care*
64	Aufräumtag	158	Ältere Kinder helfen lassen	64	*Tidying up day*	158	*Allow older children to help*
		160	Spielidee des Nachmittags			160	*Afternoon play idea*
66	**Angebot**	162	Eltern einbinden	66	*Activity time*	162	*Involving parents*
72	Atelier			72	*Arts and crafts room*		
74	Bewegung	164	**Badzeiten**	74	*Exercise*	164	*Wash time*
78	Musik	168	Planschzeit in der Waschrinne	78	*Music*	168	*Splash time in the trough sink*
80	Heuristisches Spielen	170	„Wo bleibt das Kacka?!"	80	*Heuristic games*	170	*"Where's poo?"*
84	**Spielzeit**	172	Die Mülleimer-Untersuchung	84	*Play time*	172	*Exploring the bin*
90	Lernspiele am Tablett	174	Seifenschaum	90	*Educational activity trays*	174	*Soap bubbles*
94	Rollenspiel			94	*Role play*		
98	Sortieren, Aufräumen und Ordnung erkennen	176	Schlusswort	98	*Sorting, tidying and recognising order*	176	*Closing remarks*
		180	Autoren			180	*Authors*
102	**Aufenthalt im Freien**			102	*Outdoor time*		
106	Fühlstrecke			106	*Sensory path*		
108	Matsch-Parcours			108	*Mud course*		
112	Kletterwelten			112	*Climbing paradise*		

Vorwort
Preface

Der Alltag in einer Kindereinrichtung folgt einem gut durchdachten und durch tägliches Wiederholen eingeübten System, dem Tagesablauf. Und doch ist vielen Erzieherinnen oft gar nicht bewusst, dass der Tagesablauf eine wichtige Strukturierungshilfe für die pädagogische Arbeit ist. Denn die Aufteilung des Alltags in verschiedene Phasen gibt sowohl Kindern als auch Erwachsenen Orientierung und Sicherheit. Neben der Einteilung von Kindern und Erwachsenen in Gruppen stellt ein stabiler, regelmäßiger Tagesablauf die Grundlage für eine planvolle Arbeit in der Krippe dar. Wir können also sagen, dass der Tagesablauf zu den wichtigsten Qualitätsstandards in Kindereinrichtungen gehört. Es lohnt sich, die einzelnen Phasen genau unter die Lupe zu nehmen und herauszufinden, was daran gut funktioniert und wo vielleicht noch Luft nach oben ist.

Deshalb sind drei Fragestellungen wichtig:
1. „Passt unser Tagesablauf tatsächlich zu den Bedürfnissen der Kinder und Eltern?" Wenn immer wieder einige Eltern ihre Kinder viel zu spät in die Krippe bringen und dadurch den Morgenkreis oder die Angebotszeit stören, kann dies ein wichtiges Indiz dafür sein, dass die von den Erzieherinnen geplanten Zeiten nicht zum Alltag der Eltern passen. Kleine Änderungen können hier viel bewirken!
2. „Wie gut gelingt uns die inhaltliche Ausgestaltung der Tagesphasen?" Manche Routinen benötigen eine Erfrischungskur. Denn wenn beispielsweise im täglichen Morgenkreis alle Kinder nur im Kreis sitzen, um brav ihren Namen aufzusagen, läuft etwas in die falsche Richtung. Wichtig für die Kinder ist doch, dass diese morgendliche Ankommensrunde lustvoll und

Daily life in nurseries and preschools runs according to a carefully planned system which becomes familiar and practised through daily repetition: the daily routine. Many nursery nurses, however, don't seem to realise that the daily routine is an important structuring aid for educational work. Dividing the day into different phases offers both children and adults guidance and a sense of security. Alongside the allocation of children and adults into groups, it is a stable and regular daily routine which forms the basis for systematic work in day nurseries. The daily routine, in other words, is a key quality standard in day care facilities for children. So it's worth taking a closer look at individual phases to see what works well and where there is room for improvement.

In doing so, one should ask oneself three questions:
1. *"Does our daily routine meet the needs of the children and their parents?" If parents repeatedly bring their children to the day nursery late, thus disrupting the morning circle time or activity time, this could indicate that the times the nursery nurses have assigned for these phases are inconvenient for parents. Small changes can work wonders here!*
2. *"As regards content, how successful is each of our daily phases?" Some routines need a fresh makeover! If the morning circle time consists of nothing more than all the children sitting obediently in a circle saying their names, then something is wrong! Morning circle time should be enjoyable and full of variety for the children. Imagination is the key here!*
3. *"How can we incorporate our educational targets into each of the daily phases?" Stopping the clock to switch activities or rooms day after day simply isn't enough. Rather, the point is to offer systematic, worthwhile and*

abwechslungsreich gestaltet wird. Ideenreichtum ist gefragt!

3. „Wie integrieren wir das Erreichen unserer pädagogischen Ziele in die einzelnen Tagesphasen?" Es ist nicht damit getan, Tag für Tag, wie nach einer Stechuhr, die Angebotsform oder den Raum zu wechseln. Vielmehr kommt es darauf an, eine planvolle, pädagogisch wertvolle und für die Kinder interessante Bildungsarbeit auf der Grundlage von Monatsthemen und Bildungszielen zu gewährleisten. Vielleicht läuft etwas schief, weil es hier an Klarheit fehlt!

Dieses Buch hilft Ihnen dabei herauszufinden, ob der Tagesablauf in Ihrer Krippe „rund" läuft oder ob es Elemente gibt, die Sie noch verbessern könnten. Wir möchten Sie dabei unterstützen, den Tagesablauf mit seinen Phasen immer wieder daraufhin zu überprüfen, ob er mit den Bedürfnissen der Kinder und Eltern korrespondiert. Schließlich steckt hinter jedem gemeinsam vereinbarten Tagesablauf eine mehr oder weniger bewusste Prioritätensetzung bei der Verteilung der nur begrenzt zur Verfügung stehenden Zeit.

Unsere Absicht ist es, die Antworten und Vorschläge zur Gestaltung des Tagesablaufs so praktisch und anschaulich wie möglich zu geben. Wir sind überzeugt davon, dass der in diesem Buch beschriebene Tagesablauf mit seinen charakteristischen Elementen der Grundidee der pädagogischen Arbeit bei Klax dient und sich auch auf Ihre Einrichtung übertragen lässt. Diese Grundidee lautet, kurz gesagt: Wir wollen Kinder auf ihrem Weg zu verantwortlichen, sozialkompetenten und kreativen Persönlichkeiten begleiten.

interesting educational activities based on monthly themes and educational targets. If things are not going well, could it be because these are not clear?

This book will help you evaluate the daily routine in your day nursery, and assess whether it's "balanced" or whether there's room for improvement. We'd like to encourage you to reassess your daily routine and all its phases on an ongoing basis, to ensure each phase corresponds to the needs of the children and their parents. Consciously or subconsciously, every mutually agreed daily routine is based on priorities – on how a limited amount of time is to be apportioned.

Our aim is to provide practical, descriptive answers and suggestions for creating a successful daily routine. We're convinced that the characteristic elements of the daily routine described in this book conform with the fundamental idea behind Klax' educational work, and that they can be applied to any day nursery. In short, this basic idea is to support children in their development so that they become responsible, socially competent and creative individuals.

Es gibt vier gute Gründe, warum den Erzieherinnen aus den Klax Krippen dieser Tagesablauf so bedeutsam ist. Dies lässt sich leicht mit Hilfe der vier tragenden Säulen unseres Klax-Fraktals erklären:
1. Individuelle Lernwege: Jedes Kind lernt auf seine eigene Weise. Vertraute Strukturen und Routinen, auf die sich alle Beteiligten verlassen können, geben dem Kind die nötige Sicherheit, um die Welt aktiv und aus eigenem Antrieb zu erobern.
2. Soziale Gemeinschaft: Tägliche Rituale stärken das soziale Miteinander und das Zusammengehörigkeitsgefühl. So entsteht eine Atmosphäre, in der alle Beteiligten gerne zusammen leben und miteinander in Kontakt bleiben.
3. Gestaltete Umgebung: Die Einrichtung der Räume, die angebotenen Spiel- und Lernmaterialien und die Art und Weise, wie diese angeboten werden, fördern die Selbsttätigkeit der Kinder. Die gestaltete Umgebung unterstützt die wiederkehrenden pädagogischen Abläufe, und das erleichtert allen Beteiligten das Zusammenleben.

Nursery nurses in Klax day nurseries attach great importance to the daily routine for four main reasons, which are best explained by the four supporting pillars of our Klax fractal:
1. *Individual learning pathways: each child has its own way of learning. When all involved can rely on familiar structures and routines, children feel sufficiently secure to explore and master their worlds actively and of their own accord.*
2. *Community: daily rituals reinforce social interaction and a sense of belonging to the group. This in turn creates an atmosphere in which all involved enjoy being together and interacting with each other.*
3. *Stimulating environment: the rooms are furnished and toys and educational materials are presented in a manner which inspires the children to act independently. A stimulating environment supports recurring educational routines, making life easier for everyone.*
4. *Authentic adults: clearly structuring the various phases of the day helps to avoid restlessness, and prevents nursery nurses from feeling overwhelmed by hectic activities.*

4. Authentischer Erwachsener: Eine klare Strukturierung der Tagesphasen vermeidet Unruhe und entlastet die Erzieherinnen von hektischen Aktivitäten. Die Erzieherinnen gewinnen durch vertraute Routinen schneller den Überblick über die anfallenden Aufgaben und nötigen Absprachen, um sich anschließend mit kühlem Kopf und hohem Verantwortungsbewusstsein auf ihre pädagogischen Stärken zu konzentrieren: die individuelle Entwicklungsbegleitung von Kindern.

Die Ideen und Projekte der Erzieherinnen aus den Klax Krippen sind in dieses Buch genauso eingeflossen wie Geschichten aus dem Alltag und Erlebnisberichte. Wir wünschen Ihnen eine anregende Lektüre!

Antje Bostelmann und Christian Engelbrecht,
Oktober 2015

Um den Lesefuss nicht zu behindern, haben wir im Fließtext meistens die weibliche Form gewählt. Es dürfen sich aber immer beide Geschlechter angesprochen fühlen.

Familiar routines help nursery nurses to keep a clearer eye on necessary tasks and agreements, enabling them to concentrate fully on their educational strengths with a clear head and a high level of responsibility, and offer children individual support in their development.

This book includes ideas and projects from Klax day nursery nurses, as well as accounts of everyday life and experiences. Enjoy the read!

*Antje Bostelmann and Christian Engelbrecht,
October 2015*

Alltag mit Struktur
Structure for everyday life

Die Bedeutung von Routinen und Ritualen

Rituale und Routinen geben uns Sicherheit und Zugehörigkeit. Ohne nachvollziehbare, gut durchdachte Strukturen fühlen wir uns schnell orientierungslos und überfordert. Wir kennen das aus eigener Erfahrung: Wer neu in einer Kindereinrichtung anfängt, muss erst noch herausfinden, wo der Pausenraum ist, wann es Frühstück gibt und zu welchem Zeitpunkt die Kinder Mittagsschlaf machen. Arbeitet man bereits länger dort und hat einen Überblick gewonnen, kann man den Eltern oder neuen Kolleginnen die Abläufe leicht erklären. Man kennt sich aus und fühlt sich einer Gruppe zugehörig.

Auch für Kinder haben Routinen und Rituale eine große Bedeutung. Sie wollen verstehen, was als nächstes an der Reihe ist und drücken dies auch mit Worten aus, sobald sie nur ein wenig sprechen können. Die Wiederholung der immer gleichen Vorgehensweisen gibt ihnen die Zuversicht, ein Stückchen mehr von der Welt verstanden zu haben. Besonders im Krippenalter brauchen Kinder diese Bestätigung. Sie sind ja noch zu klein, um über sprachliche Erläuterungen zu lernen und ihnen fehlen die Worte, um die Welt durch sprachliche Erläuterungen kennenzulernen. Krippenkinder lernen mit dem eigenen Körper, durch die Wiederholung von Handlungen und dadurch, dass sie eigene Erfahrungen sammeln. Zu diesen Erfahrungen gehört auch der Tagesablauf.

Die Gruppenstruktur

Wer gehört zu wem? Diese Frage ist grundlegend und emotional sehr bedeutsam. Zu wem gehöre ich? Wer ist meine Erzieherin? Wer sind meine Kinder? Dies fragen sich auch Eltern und Erzieherinnen am Beginn eines neuen Krippenjahres, oder wenn sie neu in eine Einrichtung

The importance of routines and rituals

Rituals and routines give us a sense of security and belonging. Without logical, carefully considered structures, people soon feel lost and overwhelmed. This is something we all know from experience – when you first start work in a day nursery, you first have to find out where the break room is, what time breakfast is served and when the children are supposed to lie down for their midday nap. Once you've been there for a while and know the ropes, you can easily explain the processes to parents or new colleagues. You know your way around, and feel a sense of belonging to the group.

Routines and rituals are equally important for children. They want to understand what's coming next, and verbalise this need as soon as they learn to speak their first words. When procedures are repeated regularly, children start to feel that they've understood another little part of how the world works. This type of confirmation is particularly important for toddlers. Toddlers are too young to learn via language; they do not yet possess the linguistic skills to understand their world through verbal explanations. Toddlers learn via their bodies, via the constant repetition of actions and by gaining their own experiences. One such experience is the daily routine.

Group structures

Who belongs to whom? This is a basic question, and of key emotional significance. To whom do I belong? Who is my nursery nurse? Who are the other children in my group? At the start of every school year, or whenever a new child starts at the day nursery, these are the questions asked by parents and nursery nurses. Day nursery principals have a great responsibility when they assign the groups. Staffing ratios vary between the different Federal states in Germany, so it's

kommen. Leiterinnen haben eine hohe Verantwortung, wenn sie Gruppenzuordnungen vornehmen. Die Personalschlüssel sind in den deutschen Bundesländern unterschiedlich. Daher ist die Frage der Quantität nicht eindeutig zu beantworten, also die Frage: „Wie viele Erzieherinnen können mit wie vielen Kindern eine Gruppe bilden?" Aber wer zu wem gehört, das sollte stets eindeutig geklärt sein. Es ist sehr wichtig darüber nachzudenken, wie viele Kinder und Erwachsene zusammenleben können. Denn kleine Kinder können noch nicht mit vielen Menschen interagieren und benötigen deshalb eine kleine und überschaubare Anzahl an Personen, also eine kleine Gruppe. Es muss sehr sorgfältig, vorausschauend und verantwortungsvoll darüber entschieden werden, welche Erzieherin welche Gruppe übernimmt. Nur wer dort bleiben kann und will, sollte einer Krippengruppe zugeordnet werden. Denn die kleinen Kinder brauchen Stabilität und verlässliche Beziehungen, um Vertrauen und Selbständigkeit aufzubauen. Die Kinder sollten ebenfalls in dieser Gruppe bleiben können und im neuen Krippenjahr gemeinsam mit ihren Spielkameraden und Erzieherinnen in die nächsten

impossible to answer the question of quantity here; rather, the question is: "How many staff will be in each group with how many children?" One point, however, should always be absolutely clear: who belongs to whom.
It's important to stop and think about how many adults and children should be together in a group. Small children are unable to interact with lots of people, so require a small, manageable number of persons – a small group, in other words. Careful, anticipatory and responsible thought should be given to which nursery nurse is to be put in charge of which group. Only those who are willing and able to remain in the group should be given charge of a group, because children need stability and reliable relationships if they are to develop trust and independence.
Children should also be able to remain in the same group and move up to the next age level in the following school year together with their playmates and nursery nurses. Care must be taken to prevent planned or unplanned changes in the groups during the school year.

Altersbereiche der Krippe wechseln. Unterjährige Wechsel, aus welchen Gründen auch immer, sollten weder geplant noch ungeplant zugelassen werden.

Die Altersstruktur

In den Klax Krippen arbeiten wir mit altershomogenen Gruppen, soweit man diese so nennen kann, denn natürlich haben nicht alle Kinder im gleichen Monat Geburtstag. So kann es auch in einer altershomogenen Gruppe zu Altersunterschieden bis zu einem halben oder einem Dreivierteljahr kommen. Die Gruppe der Null- bis Einjährigen ist meist sehr klein, da viele Eltern ihre Kinder erst mit einem Jahr in die Einrichtungen bringen. Trotzdem gibt es immer wieder Kinder unter einem Jahr, die in der Krippe betreut werden müssen. Es besteht zudem eine Gruppe mit Kindern zwischen dem ersten und zweiten Lebensjahr und eine mit Kindern zwischen dem zweiten und dritten Lebensjahr. Jedes Lebensjahr ist in der frühen Kindheit durch besondere Entwicklungsschritte und Bedürfnisse geprägt. Weil wir dies berücksichtigen möchten, ist eine Aufteilung der Kinder nach ihrem Alter unabdingbar.

Age structures

In Klax day nurseries, we try to ensure the children in each group are roughly the same age – though naturally not all children are born in the same month! In a homogenous age group, the ages of the children can differ by up to six or nine months. Generally speaking, there are very few infants in the 0-12 months age group, as most parents do not bring their offspring to day nurseries until after their first birthday. Nonetheless, there are always some parents who require day care for children under the age of one. Klax nurseries also include groups for children between the ages of 1 and 2, and groups for children aged between 2 and 3. In early childhood, each year of life is marked by special developmental phases and needs. As we wish to take these into account accordingly, it is important that children are divided into homogenous age groups.

Spatial structure

What happens where? This question is of key importance if the daily routine is to run smoothly, because creating an inviting environment is not the only thing that helps

Die Raumstruktur

Was geschieht wo? Diese Frage ist von großer Bedeutung für einen reibungslos funktionierenden Tagesablauf. Denn selbstverständlich wird die Lernfreude nicht nur durch eine einladende Atmosphäre begünstigt, sondern auch durch eine gut strukturierte Aufteilung von Räumen. In vielen Krippen ist für jede Gruppe ein Gruppenraum und ein Nebenraum vorhanden. Es gibt eine Küche, Flure, Bäder und vielleicht noch weitere Nebenräume für die Atelierarbeit oder zum Toben.

In den meisten Krippen wird im Gruppenraum gegessen. Das liegt oft gar nicht so sehr am Platzmangel, sondern an eingefahrenen Gewohnheiten. Wir empfehlen, eine Cafeteria einzurichten. Das unterstützt die Erzieherinnen und Kinder dabei, die Mahlzeiten ganz bewusst vom übrigen Alltag loszulösen und in einer besonderen Atmosphäre in Ruhe einzunehmen.

Jede Gruppe verfügt mit ihrem Gruppenraum über ein vertrautes Zuhause, in dem sie die meiste Zeit am Tag verbringt. Dort finden die persönlichen Dinge der Kinder und ihre Spuren einen Platz. In jedem Gruppenraum finden

children to enjoy learning; a carefully structured division of space is equally important! In many day nurseries, however, each group has only one main room and one side room. Normally, the facilities also include a kitchen, corridors, toilets/washrooms and perhaps a few additional side rooms for arts and crafts or gym.

In most day nurseries, meals are eaten in the main groups rooms. Frequently, this is not due to lack of space, but quite simply to habit. We recommend setting aside a room as a cafeteria. This helps both the nursery nurses and children to consciously detach mealtimes from other daily activities, and enjoy their meals in peace in a special atmosphere.

Each group has a group room which is their familiar "home", and where they spend most of their time. This is where they keep their personal belongings, and where they play. Each group room contains materials which are suitable for educational play and cater to the children's current phase of development, yet also stimulate them to embark on new learning adventures.

sich geeignete Materialien, die den Kindern beim spielerischen Lernen helfen, indem sie ihrem Entwicklungsstand entsprechen und zugleich zu neuen Lernabenteuern herausfordern.

Sogar im Garten sollte es Bereiche geben, die jeder Altersstufe entsprechend eingerichtet sind. Abgrenzungen auf der Freifläche durch Bänke, Büsche oder die Markierung eines Bereichs durch eine Krabbeldecke sind durchaus sinnvoll.

Es sollte genau geplant werden, welche Gruppe sich wann an welchem Ort aufhält, wie lange sie dort bleibt und welche Nachbereitungen nötig sind, sobald die Gruppe diesen Ort wieder verlässt. Sonst herrscht heilloses Durcheinander. Es wird also jemand eingeteilt werden müssen, der beispielsweise im Atelier für Ordnung sorgt und die Materialien zurück in die Regale stellt, während die Gruppenerzieherin und ihre Kollegin die Kinder waschen und auf den nächsten Tagesablaufpunkt vorbereiten. Auch in der Cafeteria sollte jemand sein, der den Boden fegt und das restliche Geschirr in die Spülmaschine räumt, nachdem alle Kinder den Raum verlassen haben. Es ist sinnvoll, Kinder ab dem zweiten Lebensjahr in kleinere Dienste einzubeziehen. Dies ersetzt aber keineswegs eine von den Erwachsenen durchgeführte Nachbereitung.

Die Eltern im Tagesablauf

Selbstverständlich haben Eltern in jeder Kindereinrichtung einen Platz, so auch in der Krippe. Sie benötigen Informationen und erhalten diese über Aushänge oder Elternpostkästen. In den Garderoben wickeln sie ihre Kinder und tauschen sich mit anderen Eltern aus. In der Eingewöhnungszeit sind sie in allen Räumen der Krippe zu finden. Es ist wichtig, dass die Eltern sich im Alltag an die einzelnen Elemente des Tagesablaufes halten und diese verstehen. Gerade in der Krippe denken viele Erzieherinnen und Eltern voneinander, dass die jeweils andere Seite gewiss schon genug weiß – was sollte es auch bei so kleinen Kindern schon großartig zu verstehen geben ... Aber diese Annahme

The outdoor area should also contain different areas geared towards the different age groups. Open areas can be divided up using benches, bushes or even play rugs.

An exact timetable should be drawn up to regulate which group uses which room at which time and for how long, and what clearing up or preparation work needs to be done once the group has left the room. Otherwise chaos will ensue! Somebody, in other words, needs to be assigned the job of clearing up in the arts and crafts room and putting materials back away on the shelves whilst the nursery nurses wash the children's hands and prepare them for the next activity of the day. Somebody needs to sweep the floor and clear the tables in the cafeteria once all the children have left the room. From the age of two, it's a good idea to assign small tasks to children. However, an adult will still be needed to oversee and complete the clearing up work.

Parents and the daily routine

In all day care facilities for children, parents play a role – and no less so in a day nursery. Notice boards or pigeon holes can be used to keep parents informed and up to date. In the cloakroom, parents can change their babies' nappies and chat to other parents. While their offspring are settling in, parents will be in and out of all the rooms in the day nursery. So it's important that parents understand and support the various phases of the daily routine. In day nurseries, nursery nurses and parents frequently assume that the other party knows all they need to know – or assume there can't be any major issues with toddlers anyway. But all too often, this leads to misunderstandings or even crises between those involved. Parents often don't know, for example, what goes on during the morning circle time. As a result, they find it somewhat over the top when they're asked not to disrupt this ritual by arriving too late, or are bemused when told to bring their child to the nursery punctually for morning circle time. Hence it should be a matter of course to explain to parents why each element in the daily routine is important for the development of their child.

führt allzu häufig zu Missverständnissen oder sogar Krisen zwischen den Beteiligten. Eltern wissen beispielsweise oft gar nicht so genau, was im Morgenkreis geschieht und halten es deshalb für übertrieben, wenn sie gebeten werden, dieses tägliche Ritual nicht durch Zuspätkommen zu stören und könnten irritiert reagieren, wenn sie darauf hingewiesen werden, dass ihr Kind auf jeden Fall rechtzeitig zum Morgenkreis gebracht werden sollte. Daher sollte es selbstverständlich sein, den Eltern genau zu erklären, welche Bedeutung die einzelnen Elemente des Tagesablaufes für die Entwicklung der Kinder haben. Wir empfehlen eine Tagesablaufuhr, die jährlich neu mit Fotos gestaltet wird, auf denen die aktuell in der Krippe betreuten Kinder in den jeweiligen Tagesphasen zu sehen sind. Dies unterstützt die Eltern beim Kennenlernen und Verstehen der täglichen Routinen.

We recommend making a daily routine clock with photographs of children performing the scheduled activities; these photos should be replaced each year to depict the children currently attending the day nursery. This helps parents to get to know and understand the daily routines.

Umgang mit Unwägbarkeiten
„Irgendwas ist immer!" So könnte die Überschrift lauten, die über jedem Tag in einer Kindereinrichtung steht. Man sollte sich nie darauf verlassen, dass die sorgsam vorbereiteten Ideen reibungslos und wie geplant durchgeführt werden können. Denn wenn Erzieherinnen fehlen, Kinder krank sind oder Materiallieferungen nicht rechtzeitig ankommen, heißt es: „Wir müssen heute improvisieren!" Deshalb ist es wichtig, dass die täglichen Routinen eingeübt sind und die Gruppenstruktur feststeht. Auf dieser Grundlage kann jeder Krippentag erfolgreich durchgeführt werden, auch wenn wieder einmal alles anders kommt als gedacht. Stehen Tagesablauf und Gruppenstruktur jedoch nicht fest oder werden in Krisensituationen hektisch aufgelöst, kommt es zu Chaos. Wir empfehlen deshalb allen Leitungen und Teams in den Krippen, an diesen zwei Punkten festzuhalten, auch wenn die Personalnot noch so groß ist.

Wir wünschen uns, dass die pädagogischen Teams andere Lösungen finden können, um die Unwägbarkeiten des Alltags zu meistern. Sie sollten nicht der Zusammenlegung von Gruppen vorschnell zustimmen oder den Verzicht auf wichtige Elemente des Tagesablaufs leichtfertig in Kauf nehmen. Wie wäre es, wenn stattdessen lieber Erzieherinnen zwischen den Gruppen pendeln, vertraute Eltern um Hilfe gebeten werden oder Personaldienstleister eingesetzt würden? Oft gibt es noch eine Vielzahl an Möglichkeiten, auf die man im ersten Moment gar nicht gekommen wäre. Eine soziale Gemeinschaft, die sich auf langjährig erprobte und bewährte Strukturen geeinigt hat, trägt dazu bei, unvorhergesehene Planänderungen erfolgreich zu meistern.

Dealing with imponderables
"Something unexpected always happens!" This could be said of virtually every day nursery – every day! Never count on your carefully prepared ideas running to plan without a single hitch! Sometimes nursery nurses are off sick, children fall ill, or deliveries of materials are delayed, forcing you to improvise. This is why it is so important to have a set daily routine and set group structures. These provide a solid basis on which to improvise successfully even when things don't go according to plan. If there is no daily routine in place, and no set group structures, or if these are abandoned in a crisis, chaos ensues. Hence we recommend all nursery principals and teams hold fast to these two elements no matter how many nursery nurses are off sick.
Try to find different ways of mastering the imponderables that can occur on a daily basis. Don't hastily agree to merge groups or casually abandon important parts of the daily routine. Instead, wouldn't it be possible for a nursery nurse to keep swapping back and forth between two groups – or for a parent to be asked to come in and help, or to get a supply teacher in? Often, there are numerous solutions which you might not think of instantly. A close-knit team which has agreed on and practiced certain structures over the years is in a much stronger position to deal successfully with unexpected changes of plan.

Die Tagesablaufuhr
The daily routine clock

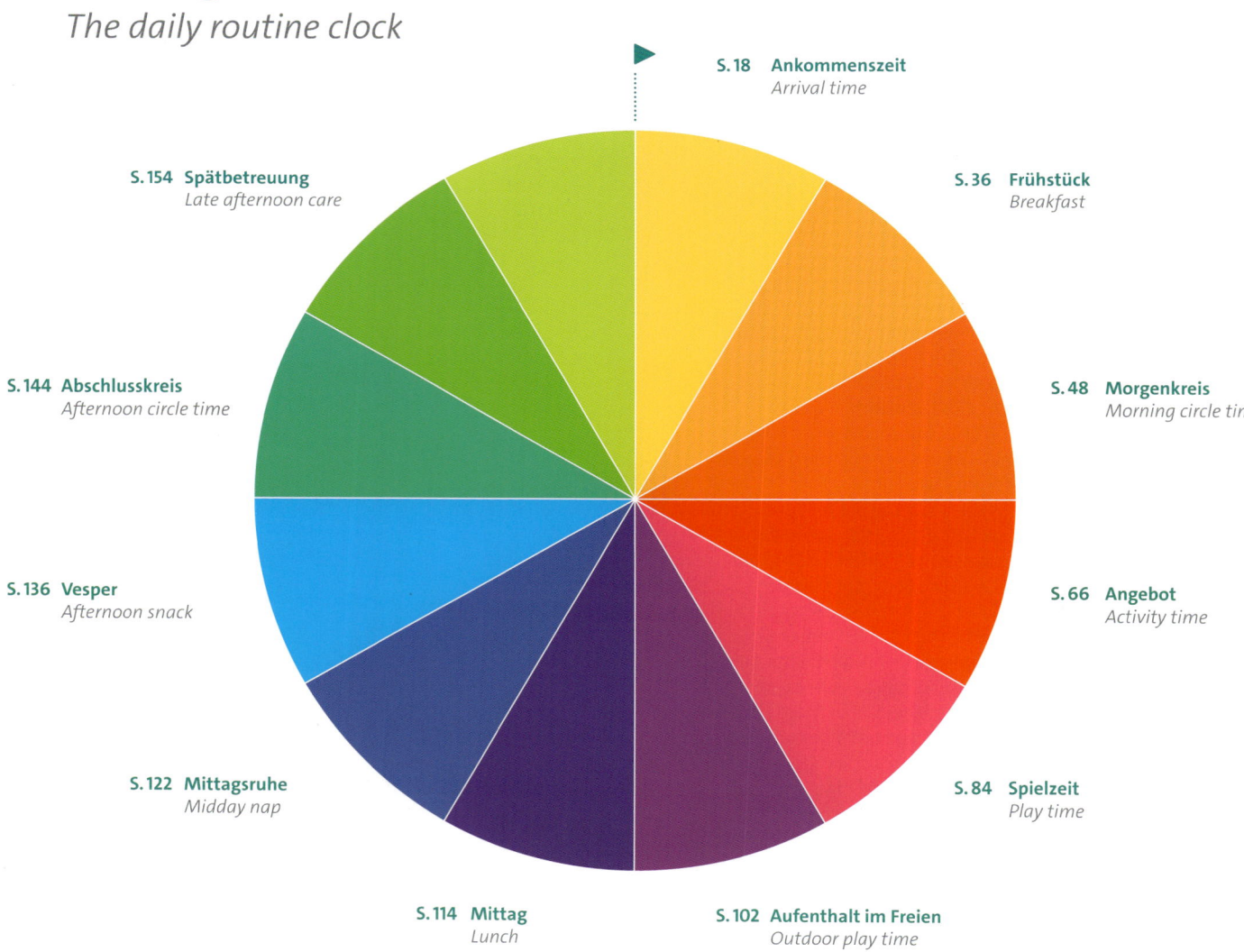

Ankommenszeit

Arrival time

Das brauchen die Kinder
- Eine vertraute Umgebung und eine bekannte Erzieherin, damit sie sich an die Krippe, die Räume, den Ablauf und die damit verbundenen Emotionen erinnern können.
- Am Morgen eine ruhige und geordnete Atmosphäre, damit nichts den für die Kinder aufwendigen Prozess des Übergangs von zu Hause in die Krippe stört.
- Zeit für sich, um richtig wach zu werden, sich zu orientieren und sich mit der neuen Situation anzufreunden.

What children need
- *Familiar surroundings and a familiar face (nursery nurse) if they are to commit to memory their day nursery, the rooms, the routine and the accompanying emotions.*
- *Each morning, they need a calm, structured atmosphere so that nothing disrupts the transition from home to day nursery – a complex process for children.*
- *Time to wake up properly, time to find their way around and time to accustom themselves to the new situation.*

Jeder Tag in der Krippe beginnt mit einem Übergang. Übergänge sind für die meisten Menschen keine leichten Momente, und für kleine Kinder schon gar nicht. Eben noch im warmen kuscheligen Bett zu Hause bei Mama und Papa, findet sich das Kind noch ganz verschlafen in der Krippe wieder. Viele Eltern sind schon am frühen Morgen so sehr im Stress und in Gedanken bei der Arbeit, dass sie nur wenig über die Situation ihrer Kleinkinder nachdenken. Erst recht, wenn mehrere Kinder der Familie in die Einrichtung gebracht werden müssen, sieht der morgendliche Familienalltag eher chaotisch aus: Die zweijährige Susanne möchte auf keinen Fall die bereitgelegte Strumpfhose anziehen. Ihr vierjähriger Bruder Tim hat unter dem Pullover seine Dinosauriersammlung versteckt, die er auf diesem Weg mit in die Einrichtung schmuggeln will. Als die Mutter dies entdeckt, ist das Geschrei groß. Während Susanne ihren Kleiderschrank ausräumt und alles auf dem Boden verteilt, liegt Tim heulend im Flur. Was für ein Tagesstart! Nur dank des schier unverwüstlichen Nervenkostüms der Mutter steht Susanne zehn Minuten später an der Tür zum Gruppenraum... Dieses alltägliche Beispiel zeigt, dass Erzieherinnen einkalkulieren sollten, dass zu Hause nur wenig für das Gelingen der morgendlichen Übergangssituation getan werden kann. Gerade deshalb ist die Ankommenssituation in der Krippe für die kleinen Kinder von großer Bedeutung.

So gelingt's

Viele Einrichtungen verfügen über einen Frühdienstraum, in dem die Kinder „gesammelt" werden, bis die nächste Erzieherin kommt. Manchmal ist es erstaunlicherweise sogar so, dass die Reinigungskraft die Kinder entgegennimmt. Wir haben schon häufig beobachtet, dass die Frühstückssituation sofort mit der Öffnung der Krippe beginnt und alle Kinder, kaum sind sie da, schon am Tisch sitzen müssen. Manche warten dann sehr lange dort, weinen oder schlafen mit dem Kopf auf dem Tisch wieder ein...

Every day in a day nursery begins with a transition. Transitions are not easy for most people – and least of all for toddlers. One moment the child is fast asleep in a warm bed, with mummy and daddy close at hand; the next it finds itself half awake in the day nursery. Many parents feel so stressed and hurried in the mornings that they have little time to think about how their toddler might feel.
And in families where more than one child has to be brought to the day nursery, mornings are likely to be even more chaotic. Two-year old Susanne doesn't want to wear the tights that have been put out for her. Her four-year old brother Tim has hidden his toy dinosaurs underneath his jumper in an attempt to smuggle them in to the day nursery. When his mother notices, he start to cry. And while Tim is sitting in the hallway crying, Susanne is yanking all the clothes out of her wardrobe. What a start to the day! Ten minutes later, Susanne is standing in her group room in the day nursery – thanks only the fact that her mother was able to keep her nerve ... This everyday example shows how little can be done at home towards making the "transition" successful, and that nursery nurses need to make allowances for this. This is why arrival time in day nurseries is so important for small children.

How to get it right
Lots of day nurseries have one early morning group room where children are temporarily parked until the next nursery nurses arrive. Sometimes children are even welcomed by the cleaning lady! Frequently, we've observed that breakfast begins as soon as the day nursery opens, meaning children are expected to sit down at the table the moment they arrive. Some are left sitting there, waiting, for a long time; they begin to cry, or fall back asleep with their heads on their arms.
Obviously, this is by no means ideal. In fact, it's a bad habit which has crept into day nurseries and preschools over the decades – and which should be eradicated as quickly as possible. Attention must be paid to the needs of the children! Naturally, nursery nurses also need time in the mornings to

Dies alles sind offensichtlich keine guten Ideen. Um es ganz deutlich zu sagen: Es sind Unsitten, die sich in Kindergärten und Krippen über Jahrzehnte eingeschlichen haben und die sich die Einrichtungen unbedingt abgewöhnen sollten. Wichtig ist doch, von den Bedürfnissen des Kindes auszugehen!
Trotzdem spielt das Bedürfnis von Erzieherinnen, am Morgen etwas Zeit zu haben, um noch wichtige Dinge zu erledigen, natürlich eine gewisse Rolle. Es ist aber verantwortungslos, die Kinder dafür ruhig zu stellen, am Tisch einzuzwängen oder sie aus ihrer gewohnten Umgebung zu reißen.

Daher gilt folgender Leitsatz: Eine gute Ankommenssituation gelingt nur dann, wenn die Kinder in ihrem gewohnten Gruppenraum von einer der Bezugserzieherinnen in Empfang genommen werden.

deal with various important tasks. But forcing children to sit still or tearing them away from their familiar environment in order to complete such tasks is irresponsible.

Basically, arrival time can only run smoothly if children arrive in a familiar group room, and are welcomed by a familiar face – one of their own nursery nurses.

22

Darauf achten
- Notwendige Arbeiten für den Tag bereits am Vortag erledigen.
- Schon im Schlussdienst die Räume für den nächsten Morgen vorbereiten.
- Kuschelecken, eine gemütliche Beleuchtung und leise, ruhige Musik sorgen für eine angenehme Atmosphäre.
- Die Reinigungskraft so einteilen, dass sie schon am Morgen da ist, damit jemand die Tür öffnen und die Erzieherin bei den Kindern bleiben kann.
- Offene Türen in abgegrenzten Bereichen, damit die Kinder am Geschehen teilnehmen können und die Erzieherin sich in Sichtweite der Kinder bewegen kann.
- Eltern einbinden, wenn Personalnot herrscht.

Wichtig:
Grundsätzlich gilt: Vorrang hat eine ruhige und verlässliche Umgebung für die Kinder!

Important:
Bascially, creating a calm and reliable environment for the children takes priority!

Note:
- preparatory work should be completed the day before.
- Nursery nurses on late shift should prepare the rooms for the following morning.
- Cosy corners, soft lighting and soft background music help to create a pleasant atmosphere.
- Schedule cleaners for early morning shifts so that they can open the front door, thus allowing the nursery nurses to remain with their wards.
- In defined areas, leave doors open so that children can see what is going on and so that the nursery nurses can move around in view of the children.
- Involve parents if you have an emergency staff shortage.

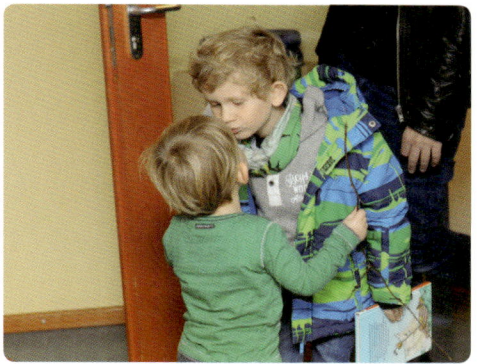

Frühe Spielzeit
Early play time

Ankommenszeit *Arrival time*

Alter *age 0–3*

Das wird gebraucht
- Eine gute Raumausstattung mit Material, welches dem Alter und Entwicklungsstand der Kinder entspricht. Bitte keine ausrangierten Dinge oder Spielmaterialien, die aus den Gruppenräumen aussortiert wurden, weil sie dort niemand haben will!
- Eine gemütliche Kuschelecke für müde Kinder, die noch ein wenig dösen oder schlafen möchten
- Angenehmes Licht
- Einen Platz für Eltern, die sich am Morgen ein wenig Zeit mit ihrem Kind nehmen wollen
- Eine den Kindern vertraute Erzieherin, die Zeit für die Kinder hat, sich mit Eltern unterhalten kann und für die Kinder stets sichtbar ist

You will need:
- *Well-equipped rooms with materials which cater to the ages and phases of development of the children in the group. Don't include cast-offs or games which have been rejected from other group rooms because nobody wants to play with them!*
- *A cosy corner for tired children who want to doze or sleep a little longer*
- *Soft lighting*
- *A place for parents who want to spend a little time with their children in the mornings*
- *A familiar nursery nurse who has time for the children, time to chat to parents and who is always visible for the children*

So geht's

Für Einrichtungen, die nicht so viel Platz und entsprechend wenige Räume haben, kann es sehr sinnvoll sein, einen zentralen Spielraum zu gestalten. Auch wenn die Kinder den Tag über in ihren Gruppen sind, sollte dieser Raum im Tagesablauf häufiger aufgesucht werden und zur Gruppenteilung oder für besondere Angebote benutzt werden. In machen Einrichtungen ist die Cafeteria so groß, dass sich ein Bereich abteilen und zum Spielbereich ausgestalten lässt. Ist dieser Raum den Krippenkindern aus dem Alltag bekannt und kennen sie die Materialien in diesem Raum aus der täglichen Benutzung, kann dort eine frühe Spielzeit organisiert werden. In vielen Einrichtungen gibt es diesen Spielbereich in der Eingangshalle oder im Bewegungsraum, vorausgesetzt dieser liegt zentral und nahe am Eingang.

What to do

Day nurseries which are short on space and room might like to think about creating one central play room. Even if children spend portions of the day in their own group room, frequent visits should be made to this play room. It could also be used to divide up groups or for special activities. In some day nurseries, the cafeteria is large enough for one corner to be apportioned off as a play area. If the children in the day nursery are familiar with this room and the play materials it contains from daily use, early play time could be arranged here. Many day nurseries organise a play area in the corridor or even the gym room, if this is located centrally and close to the main entrance.

Alter *age 0—3*

Elternzeit
Parent time

Ankommenszeit *Arrival time*

Alter *age 0–3*

Das wird gebraucht
- Jährliche Elternbefragung zu den Öffnungszeiten
- Regelmäßige Elterngespräche, in denen sich unter anderem auch abklären lässt, ob ein Elternteil morgens etwas Zeit in der Einrichtung verbringen kann
- Klare Regeln zum Einsatz der Eltern am Morgen: Was dürfen sie, was nicht? Wie sollen sie sich den Kindern gegenüber verhalten?

So geht's
Viele Krippen haben Mühe, das wenige Personal, welches ihnen zugebilligt wird, über den gesamten Tag verteilt sinnvoll einzusetzen. Häufig fehlen Erzieherinnen in den Randzeiten. Für diese Einrichtungen ist es sehr wichtig, die Ankommenszeit gemeinsam mit den Eltern zu gestalten. Dies beginnt bei der Frage nach der Länge der Öffnungszeit: Wie lange brauchen die Eltern die Krippe eigentlich

You will need:
- *Annual survey for parents on opening hours*
- *Regular talks with parents, during which you can establish whether parents have time to spend with their children each morning in the day nursery*
- *Clear rules on parental involvement in the mornings: what are parents allowed to do, what are they not allowed to do? How should they conduct themselves with the children?*

What to do
Many day nurseries have problems sensibly allocating a restricted number of nursery nurses to the various shifts of the day. Frequently, there are not enough nursery nurses at the beginning and end of the day. Such day nurseries need to focus on the support of parents during arrival time. This begins with the question of opening hours: how long do

wirklich? Wäre es möglich, eine halbe Stunde später zu öffen, um die Erzieherinnen besser einsetzen zu können? Es ist ebenfalls möglich, die morgendliche Erzieherin von einem Elternteil begleiten zu lassen. Eine Nachfrage lohnt sich! Vielleicht findet sich eine Mutter, die jeden Morgen eine halbe oder sogar eine Stunde in der Krippe bleiben kann. Dann kann die Regel, das immer zwei Personen die Kinder beaufsichtigen müssen, leicht umgesetzt werden, ohne zu viel Fachpersonal aus dem eigentlichen Tagesgeschehen herausplanen zu müssen.

parents really need the day nursery to be open? Would it be possible to open half an hour later in the morning in order to allocate staff working hours in a more meaningful manner? Or would it be possible for a parent to support a lone nursery nurse in the early morning? It's worth asking! Perhaps you could find a mother who is willing to stay in the day nursery for half an hour or an hour each morning. Then it's easy to abide by the dual supervision rule without having to plan in extra qualified staff who could otherwise work different hours.

Wichtig:
Die Kinder werden immer von der Erzieherin entgegengenommen. Die Eltern halten sich im Raum auf und spielen mit den Kindern. Auch das Wechseln von Windeln und andere Pflegeaktivitäten werden immer vom Fachpersonal ausgeführt.

Important:
Children should always be welcomed by a nursery nurse. Parents can remain in the room and play with their children. Nursery nurses are always responsible for changing nappies or other hygiene activities.

Alter *age* 0–3

Mitmachzeit
Together time

Ankommenszeit *Arrival time*

Alter *age 2–3*

Das wird gebraucht
Eine gute Vorbereitung! Wir wissen, dass zweijährige Kinder sich noch nicht lange für eine Sache begeistern können. Deshalb macht es keinen Sinn, allzu viele Dinge im Frühdienst mit den Kindern erledigen zu wollen. Eine Aktivität ist ausreichend, und diese sollte bereits gut vorbereitet sein, um nicht den Überblick zu verlieren. Wer beispielsweise mit fünf Kindern gemeinsam Staub wischen will, sollte auch fünf Lappen parat haben.

You will need:
Preparation! We all know that 2-year olds are unable to concentrate on one activity for long. So there's no point trying to complete too many early morning jobs with the children. One activity is sufficient – and this activity should be well prepared if you don't want it to degenerate into chaos. If you want to do some dusting with five children, for example, you'll need five dusters to hand.

So geht's

Die Gruppe der zwei- bis dreijährigen Kinder kann aktiv am Frühdienst beteiligt werden. Denn sie sind die „alten Hasen" in der Krippe, sie kennen sich gut aus und sind voller Tatendrang. Warum also nicht mit ihnen gemeinsam einige kleine Dienste für die soziale Gemeinschaft erledigen? Wäsche zusammenlegen, Handtücher wechseln, Staubwischen, eine neue Dekoration anbringen oder Spielmaterial austauschen – all dies sind Tätigkeiten, denen sich die älteren Krippenkinder gerne widmen.

What to do

The 2-3-yr old age group can help actively with early morning jobs. These are the "old hands" in the day nursery; they're familiar with all the routines, and they're full of energy. So why not involve them in some of the small jobs which serve the whole group? Folding washing, changing towels, dusting, hanging up some new decorations or replacing toys – older nursery children enjoy all such activities.

Die Übergabe am Morgen gelingt, wenn ...
- die Kinder von ihrer bekannten Erzieherin begrüßt und betreut werden,
- sie sich in einem vertrauten Raum aufhalten und sinnvollen Beschäftigungen nachgehen können,
- eine angenehme Atmosphäre geschaffen wird,
- die Erzieherin Zeit für die Kinder hat,
- alle notwendigen Nebenarbeiten bereits am Vorabend erledigt wurden, oder aber von anderen Personen im Hintergrund erledigt werden,
- das Morgenritual auch bei angespannter Personalsituation immer gleich bleibt.

The early morning handover works best when ...
- *children are greeted and looked after by a familiar face (nursery nurse),*
- *children start off in a familiar room and engage in a meaningful activity,*
- *the atmosphere is pleasant,*
- *the nursery nurses have time for the children,*
- *all necessary preparation work has been completed the previous evening, or is completed by others in the background,*
- *the morning rituals remain the same even if staff are off sick or otherwise absent.*

Alter *age 2–3*

Frühstück

Breakfast

Das brauchen die Kinder
- Ruhe und eine sichere Umgebung
- Eine bekannte Erzieherin und die vertrauten Kinder am Tisch
- Gewohnte Frühstücksrituale
- Ein Angebot an Speisen, das ihren Essgewohnheiten entspricht

What children need
- *Calm and safe surroundings*
- *A seat at a table with a nursery nurse and children they know*
- *Recurring breakfast rituals*
- *Food that caters to their eating habits*

Mahlzeiten werden in allen Kindereinrichtungen eingenommen. Kein Problem also, sollte man denken – die Kindereinrichtungen sind in der Gestaltung dieser Tageszeit professionell und eingeübt. Doch bei genauerer Betrachtung gibt es einige Verbesserungsmöglichkeiten.

Kleine Kinder brauchen besonders während der Mahlzeiten Geborgenheit und Ruhe. Denn in der Kleinkindzeit wird das spätere Essverhalten deutlich geprägt. Die Kinder lernen die Lebensmittel, ihren Geschmack und die verschiedenen Arten ihrer Zubereitung kennen, entwickeln Vorlieben für bestimmte Geschmacksrichtungen und erlernen die in unserer Kultur geltenden Tischregeln. Die Krippe hat also eine hohe Verantwortung und die Verpflichtung, für das Gelingen der Mahlzeiten zu sorgen.

So gelingt's
Eine gute Frühstückssituation zeichnet sich dadurch aus, dass die Gruppe gemeinsam am Tisch sitzt und die Mahlzeit genießt. Mit der Gruppe sind die Kinder und die Erzieherinnen gemeint.
Das Frühstück braucht eine gute Vorbereitung. Die Lebensmittel, das Geschirr und die Getränke sollten bereitstehen.
Es wird ein Raum benötigt, der es zulässt, dass die Gruppe ungestört essen kann. Es ist also sinnvoll, das Frühstück getrennt von der Bringsituation durchzuführen.
Das Frühstück in der Krippe gelingt, wenn klar geregelt ist, wer am Frühstück teilnimmt und wer nicht. Ist nicht die gesamte Gruppe zum Frühstück angemeldet, muss für die Kinder, die nicht frühstücken, eine angemessene Betreuungssituation außerhalb des Frühstücksraumes gefunden werden.

Meals are eaten in all day nurseries, so one might be tempted to think that this phase isn't ever a problem – with day nurseries being so professional and practiced. On closer observation, however, there is definitely room for improvement.

During mealtimes, toddlers need a calm environment, and they need to feel secure. Because the eating habits that accompany us through life are largely formed at this age. Children are introduced to foods, discover how they taste, learn the different methods by which they can be prepared, develop preferences for certain flavours, and learn Western table manners. Day nurseries, therefore, bear a great responsibility and obligation for ensuring mealtimes run smoothly.

How to get it right
A good breakfast is when the whole group sits together at the table and partakes of a meal together. By "the whole group", we mean both children and nursery nurses.
Breakfast needs to be prepared properly. Food, plates and drinks should all be to hand.
The group should be in a room where they can eat without disruption. Breakfast, therefore, should not be served during arrival time.
Breakfast in the day nursery works best when everybody is clear in their minds as to who joins in and who doesn't. If not all the children are signed up for breakfast, appropriate supervision in a different room must be provided for those who are not joining in with the breakfast.

Darauf achten
- Die Kinder sollten so am Tisch sitzen, dass sie sich frei bewegen können und nicht eingeklemmt oder anderweitig fixiert sind.
- Die Einrichtung des Frühstücksraumes sollte so gestaltet sein, dass die Kinder in der Lage sind, alleine vom Tisch aufzustehen oder sich selbständig an den Tisch zu setzen.
- Vorher Regelungen finden, wer am Frühstück teilnimmt: Wird es zu einer personellen Belastung, wenn die frühstückenden sowie nicht frühstückenden Kinder betreut werden müssen, sollte dringend mit den Eltern gesprochen werden. Es wäre hilfreich, ein gemeinsames Frühstück für die gesamte Gruppe durchzusetzen.
- Die Idee vom Frühstücksbuffet ist sicherlich sehr reizvoll, überfordert kleine Kinder aber oftmals. Sie haben schon genug damit zu tun, den eigenen Körper auf zwei Beinen in der Balance zu halten. Da ist es ihnen kaum möglich, auch noch einen Teller und eine Tasse zum Tisch zu balancieren. Besser ist es, für jede Gruppe einen Tisch vorzubereiten. In der Mitte des Tisches befindet sich das Frühstücksangebot, aus welchem die Kinder auswählen

Note:
- *Children should be seated at the table such that they can move freely and are not wedged or jammed into place.*
- *The breakfast room should be designed such that children can get up or sit down at the table by themselves.*
- *Draw up guidelines in advance to determine who can join in with breakfast. If you are hard pressed to provide enough staff to supervise both the breakfast and the children who are not joining in with breakfast, talk to the parents about the problem! Arranging a joint breakfast for the whole group is a good idea.*
- *Although a breakfast buffet might seem attractive, small children are frequently overwhelmed. It's all they can manage to stand on their own two legs – so they can hardly be expected to balance a plate and a cup and carry them back to the table! Preparing a table for each group is a better idea. The different foods are then placed in the middle of the table for the children to choose. The nursery nurses help the children to place the chosen food on their plates, spread their bread and pour drinks. This is how most children eat their meals at home, so it also makes them feel safe.*

können. Die Erzieherin hilft beim Auftun, beim Bestreichen des Brotes oder beim Eingießen. Eine so organisierte Essensituation knüpft an die Lebenswelt der Kinder zu Hause an. Das gibt ihnen Sicherheit.
- Die Frühstückszeit nicht zu lang ansetzen, denn Kinder essen weder viel noch lange. Die Zeit, die am Tisch verbracht wird, sollte 20 Minuten nicht übersteigen. Wird dies berücksichtigt, ist es auch nicht notwendig, Kinder aufstehen zu lassen, die schon fertig gegessen haben. Sie würden dann nur im Raum herumlaufen und für Unruhe sorgen. Oder es würde eine weitere Erzieherin brauchen, die mit ihnen schon ins Bad geht.
- Genügend Zeit zwischen dem Frühstück und der nachfolgenden Tagesaktivität einplanen, um den Frühstücksraum nachzubereiten und die Kinder im Bad zu betreuen.

Das sind die zwei großen Unsitten:
- Einige Kinder essen, andere Kinder rennen durch den Raum.
- Die Frühstückssituation wird immer wieder unterbrochen, da die Erzieherin ständig neue Eltern begrüßt, um deren Kinder entgegenzunehmen.

Two bad habits:
- *Children running around the room whilst others are still eating.*
- *Repeated interruptions as nursery nurses stand to greet parents and welcome their children.*

- *Don't allow too much time for breakfast; children don't tend to eat much, nor do they take long! Children should not be sat at the table for more than 20 minutes. If the mealtime is set to end after 20 minutes, there is no reason for children to leave the table early and run around the room causing a disturbance. It also means you don't have to send a nursery nurse into the washroom to wash children's hands.*
- *Plan in enough time after breakfast for clearing away and washing hands before the next activity begins.*

Gruppenfrühstück
Breakfast in the group

Frühstück *Breakfast*

Alter *age 1–3*

Das wird gebraucht
- Eine Einigung oder einen Vertrag mit allen Eltern über die Versorgung der Kinder mit Frühstück in der Krippe
- Eine klar kommunizierte Frühstückszeit
- Einen vorbereiteten Frühstückstisch für jede Gruppe

So geht's
Mit den Eltern wurde verabredet, dass die Gruppe gemeinsam frühstückt. Die Eltern bringen die Kinder rechtzeitig. Der Tisch wurde vorbereitet, die Kinder sitzen mit der Erzieherin am Tisch. Die Erzieherin isst gemeinsam mit den Kindern und hilft beim Auftun und Eingießen.

You will need:
- *An agreement with parents about what children eat for breakfast in the day nursery*
- *A clearly defined period of time for breakfast*
- *A prepared breakfast table for each group*

What to do
Agree with parents that the children in the group will eat breakfast together. Parents should then bring their offspring ahead of time. With the table set and ready, sit the children down at the table with the nursery nurses. The nursery nurses should eat breakfast with the children and help them spread their bread and pour their drinks.

Frühstück *Breakfast*

Offenes Frühstück
Open breakfast

Alter *age 2–3*

Das wird gebraucht
- Mindestens zwei Erzieherinnen, vorzugsweise drei
- Einen separaten Frühstücksraum, da eine offene Mahlzeitensituation im Gruppenraum für Unruhe sorgt
- Einen vorbereiteten Tisch für die Gruppe und eine Küchenkraft, die für jedes Kind das Geschirr und die Lebensmittel nachreicht, damit die Erzieherin nicht ständig vom Tisch aufstehen muss.

So geht's
Ein offenes Frühstück (bis zu 1 Std.) zeichnet sich dadurch aus, dass jedes Kind, welches in der Frühstückszeit gebracht wird, teilnimmt. Wir befürworten dieses Vorgehen nicht, wissen aber, dass es sich manchmal leider nicht anders organisieren lässt. Wählt man dieses Vorgehen, ist es wichtig, dass eine Erzieherin durchgängig mit den Kindern am Tisch isst und eine weitere die Kinder im Spielraum betreut. Die Kinder, die nicht mehr essen, sollten nicht im Mahlzeitenbereich spielen.

You will need:
- *At least two – and preferably three – nursery nurses*
- *A separate breakfast room (open mealtimes can cause disruption in the main group room)*
- *A table which has been prepared for the group, and a member of kitchen staff to give each child a plate and food so that the nursery nurses don't have to keep getting up from the table.*

What to do
Open breakfast, which can last for up to an hour, allows children to join in even if they arrive at the day nursery once breakfast has started. Although we don't advocate this method, we understand that it's not always possible to avoid organising it in this manner. If you choose this option, make sure you assign one nursery nurse to the breakfast table for the entire duration of the meal, and another to supervise any children in the play room. Once children have finished eating, they should not be allowed to play in the same room.

Frühstück *Breakfast*

Elternfrühstück
Breakfast with parents

Alter *age 0–3*

Das wird gebraucht
- Vorbereitete Tische und ein Frühstücksbuffet, sodass die Eltern die benötigten Lebensmittel auf den Tisch räumen können
- Eine Küchenhilfe, die den Raum in Ordnung hält und Nachbereitungen übernimmt
- Einen Vertrag zur Finanzierung dieser Mahlzeit
- Klare Regeln für die Benutzung der Cafeteria

So geht's
Einigen Einrichtungen gelingt es gut, die Eltern in den Tag einzubeziehen. Besonders bei offenen Frühstückssituationen ist dies sinnvoll. Die Einrichtung gestaltet einen Frühstücksraum in einer angenehmen Atomsphäre, der Eltern dazu einlädt, am Morgen gemeinsam mit ihren Kindern in der Krippe zu frühstücken. Die Eltern kommen mit ihrem Kind in die Cafeteria, wählen das Frühstück vom Buffet und setzen sich mit den Kindern an den Tisch, um zusammen mit ihnen zu essen.

You will need:
- *Tables ready laid and a breakfast buffet so that parents can bring the required foods to the table*
- *A member of kitchen staff to keep the room in order and do any clearing up*
- *An agreement on who pays for this meal*
- *Clear rules for using the cafeteria*

What to do
Some day nurseries are good at involving parents in the daily routine. If you're offering breakfast as an open meal, parental involvement makes sense. The day nursery should create a breakfast room with a pleasant atmosphere which invites parents to enjoy breakfast together with their children in the day nursery. Parents enter the cafeteria together with their child, choose their breakfast from the buffet bar and sit down at a table with their child to eat together.

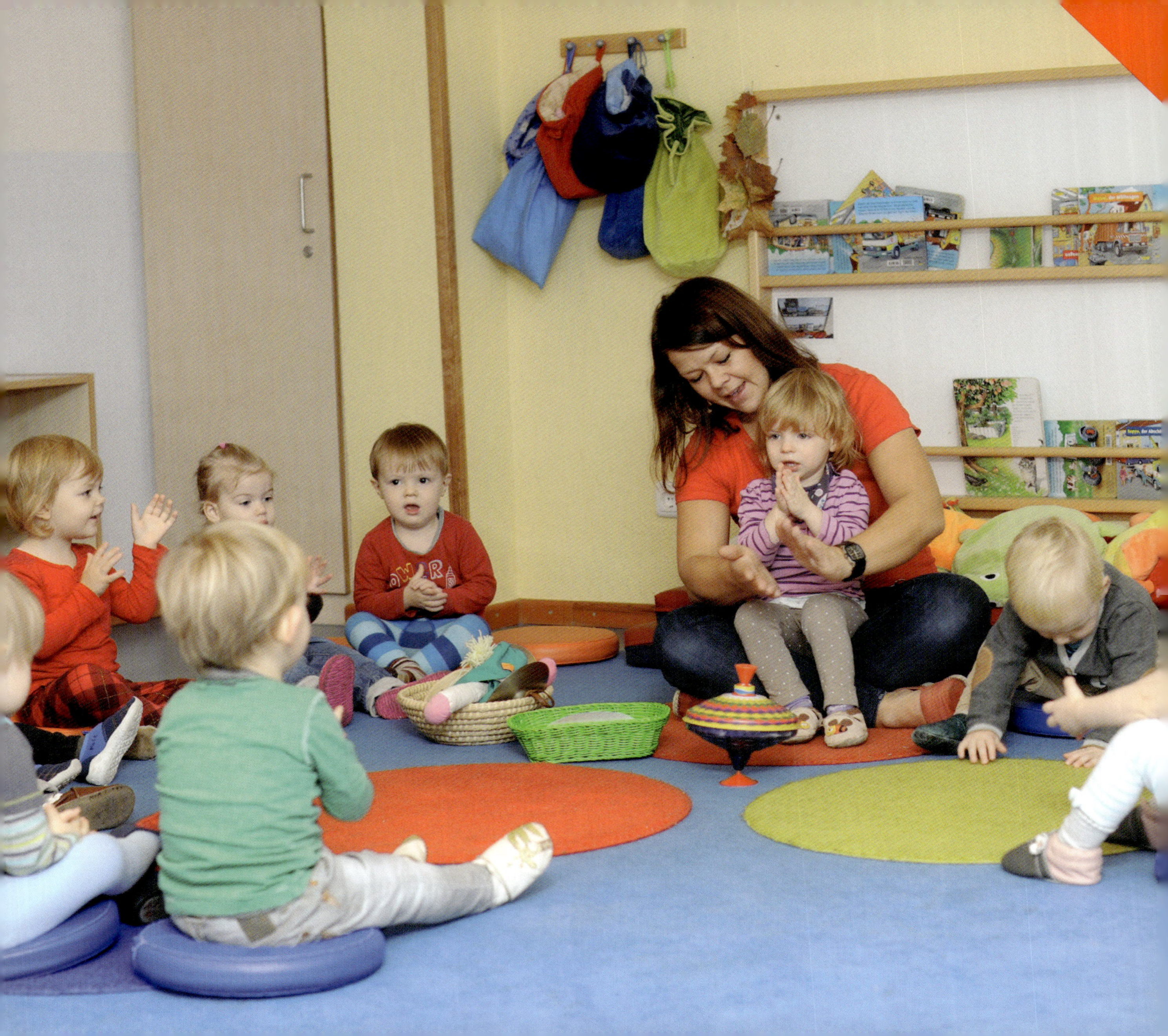

Morgenkreis

Morning circle time

Das brauchen die Kinder
- Ihre Bezugsgruppe
- Morgenkreiskissen
- Morgenkreistafel
- Die Bezugserzieherin
- Einen gemütlichen Gruppenraum
- keine Störungen
- Wiederkehrende Rituale

What children need
- *Their group*
- *Cushions to sit on*
- *The morning circle time board*
- *Their nursery nurse*
- *A group room with a cosy atmosphere*
- *No disruptions*
- *Recurring rituals*

Nach der Phase des Ankommens und des Frühstücks startet jeder Krippentag mit dem Ritual des Morgenkreises. Der Morgenkreis dient als emotionaler Einstieg in den Tag. Er findet immer innerhalb der kleinen und überschaubaren Gruppe täglich zur gleichen Zeit statt. Auf diese Weise bekommt die Erzieherin nach der Ankommenszeit einen tieferen Einblick in die Gefühlslage der Kinder. Jeder Tag hat ein eigenes Morgenkreisthema, welches sich Woche für Woche wiederholt, sodass alle sich darauf einstellen können. Neue Lieder oder Spiele machen den Kindern Lust auf den weiteren Tag mit seinen Entdeckungen und Erfahrungsmöglichkeiten. Aufgabe der Erzieherin während des Morgenkreises ist es, in einer wohlvertrauten Atmosphäre ein Zusammengehörigkeitsgefühl zu schaffen und jedem Kind zu zeigen, dass es in der Gruppe willkommen ist, sowie die Kinder füreinander zu interessieren.

Auch für die ganz kleinen Kinder macht ein Morgenkreis Sinn. Schon Babys genießen die morgendliche Runde, in der alle beisammensitzen und vielleicht ein Lied singen, oder ein Fingerspiel vorgeführt wird.

After arrival time and breakfast, each nursery day begins with a morning circle time ritual. Emotionally, morning circle time is the "start" to the nursery day. It takes place every morning at the same time with the same, small group. This ritual gives nursery nurses a deeper insight into the emotional state of the children on any given day. Morning circle time has a different theme for each day of the week, but recurring week by week so that the children grow used to each theme. New songs and games whet the children's appetite for making new discoveries and gaining new experiences during the rest of the day. During morning circle time, the nursery nurses' task is to create a comfortable and familiar atmosphere which engenders a sense of belonging, to make each child feel welcome in the group and to awaken the children's interest for each other.

Morning circle time is meaningful even for very young children. Even babies enjoy circle time, with everybody sitting together and singing songs or engaging in fingerplay.

So gelingt's
- Jedes Kind sollte bei einer vertrauten Erzieherin in seiner Gruppe täglich einen Morgenkreis erleben.
- Die Erzieherinnen vermitteln den Eltern nachvollziehbar, warum die verabredeten Bringzeiten eingehalten werden sollten. Denn es ist wichtig, dass die Kinder deutlich vor Beginn des Morgenkreises ausreichend Zeit für ein entspanntes Ankommen haben.
- Der Morgenkreis findet an einem festgelegten Platz statt, sodass nicht jeden Tag der Ort gewechselt oder Tische und Stühle weggeräumt werden müssen.
- Ein bekanntes Anfangsritual, beispielsweise das Brummen eines Kreisels oder das Ertönen einer Klangschale, hilft dabei, dass die Kinder sich auf den Beginn einer neuen Tagesphase einstimmen können.
- Die im Kreis ausgelegten Kissen signalisieren den Kindern: „Hier ist dein Platz, wir wenden uns jetzt einander zu."

How to get it right
- *Each morning, each child should join in with morning circle time in its own group and with its own nursery nurse.*
- *Nursery nurses should explain to parents why it is important to bring their child to the nursery punctually. Children need sufficient time to acclimatise, which is why they should arrive at the day nursery well before the beginning of the morning circle time.*
- *Morning circle time should always be held in the same place, and such that tables and chairs do not have to be moved out the way first.*
- *A familiar sound can be used to ritually commence the circle time – a humming top, for example, or a singing bowl. This helps the children settle down and attune themselves.*
- *The cushions, placed in a circle, are signalise to the children – "Here is your place – we want to spend time together."*

Darauf achten
- Der Morgenkreis braucht einen festgelegten Beginn, den alle Erzieherinnen und alle Eltern akzeptieren.
- Kindern, die zu spät kommen oder sich nicht am Morgenkreis beteiligen möchten, sollte eine Möglichkeit geboten werden, sich in einem anderen Raum sinnvoll beschäftigen zu können.
- Der Sinn eines Morgenkreises ist verfehlt, wenn die Kinder lediglich dazu gebracht werden sollen, still auf dem Boden zu sitzen, nur um jeden Morgen beispielsweise ihren Namen und ihren Geburtstag zu nennen.

Der Morgenkreis dient der sozialen Gemeinschaft
Die wöchentlich wiederkehrenden Tagesthemen schaffen die Möglichkeit, mit anderen zu teilen, was einen bewegt, was man vielleicht schon kann und den anderen jetzt beibringen möchte – das stärkt den Einzelnen als Mitglied der Gruppe.

Morning circle time helps children to bond with the group
Weekly recurring themes give children a platform for sharing with others the things that move them or the skills they have learned and would now like to teach the others. This strengthens the child's sense of belonging to the group.

Note:
- *Morning circle time should commence with a ritual which all nursery nurses and parents accept.*
- *Children who arrive too late and children who do not wish to join in should be given the opportunity to play in a different room.*
- *Something is very wrong if morning circle time is nothing more than a time to make the children sit still and recite their names and birthdays!*

Morgenkreis *Morning circle time*

Erzähltag
Talk day

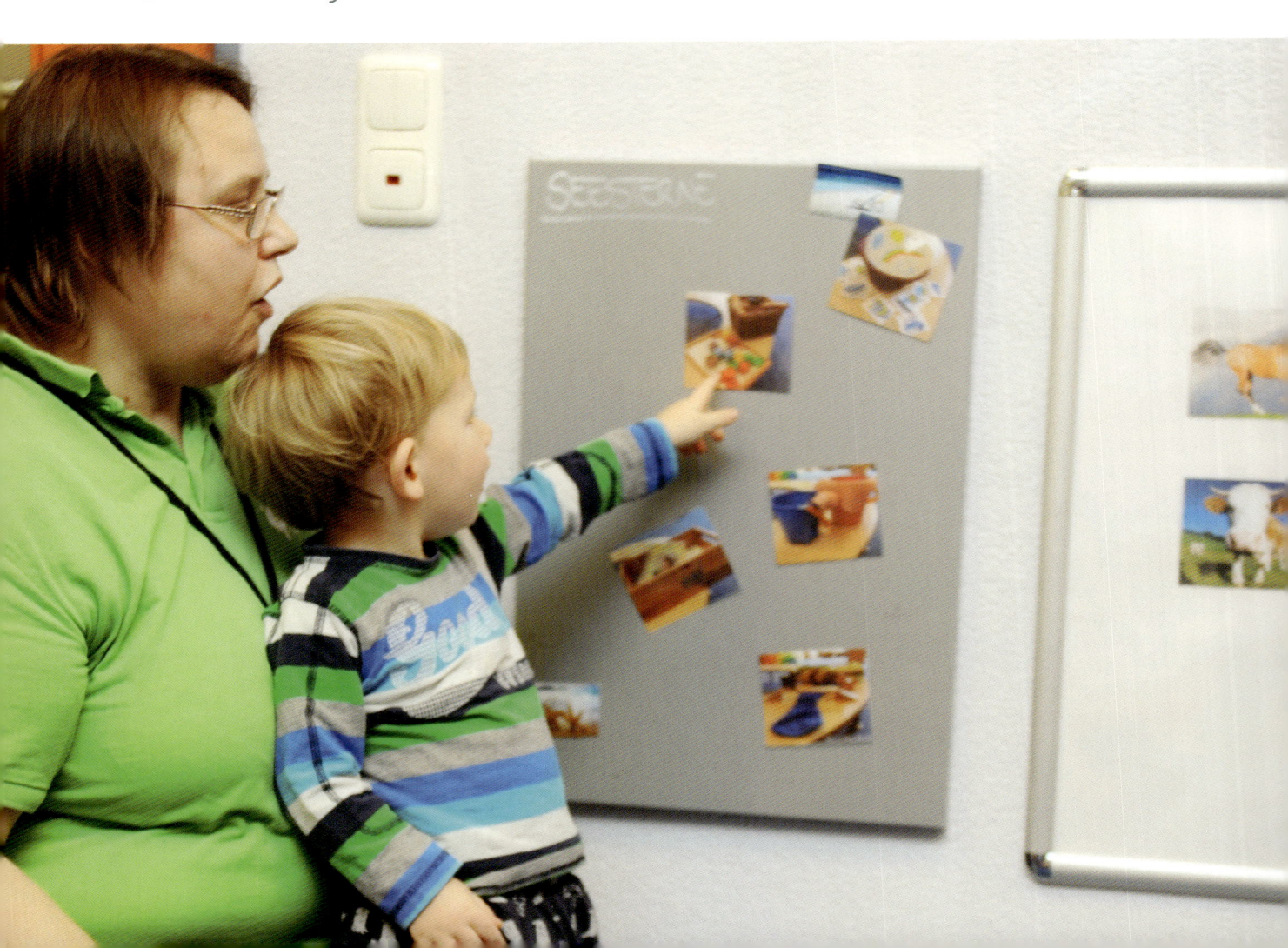

Alter *age 2–3*

Das wird gebraucht
- Eine vertrauensvolle Atmosphäre
- Regeln zum Zuhören
- Bequeme Sitzkissen
- Angenehmes Licht

So geht's
Am Beginn der Woche können die Kinder davon erzählen, was sie am Wochenende erlebt haben oder wer ihnen in den vergangenen Tagen begegnet ist. Das kann der Ausflug in den Garten der Großmutter oder ins Schwimmbad sein. Durch das Erzählen lernen die Kinder einander besser kennen, das Interesse füreinander wird gefördert und ein Gemeinschaftsgefühl entsteht. Die Erzieherin kann das Erzählen der Kinder durch achtsames Zuhören und einfühlsames Nachfragen unterstützen.

You will need:
- *An atmosphere which inspires trust*
- *Rules for listening*
- *Comfortable cushions*
- *Soft lighting*

What to do
At the beginning of the week, children can relate what they did at the weekend, or talk about who they've met over the past few days. Perhaps they played in grandma's garden, or went to the swimming pool. By talking and listening, children get to know each other better, become interested in each other and develop a sense of community. The nursery nurse can support the child who is talking by listening attentively and asking pertinent questions.

Morgenkreis *Morning circle time*

Spieletag
Play day

Alter *age 1–3*

Das wird gebraucht
- Bequeme Sitzkissen
- Angenehmes Licht
- Geeignetes Material (z.B. Steckmaterial, Naturbausteine, Tücher, bunte Brillen …)

So geht's
Die Erzieherin hat in den vergangenen Tagen genau beobachtet, welche Spielhandlungen viele Kinder derzeit gerne durchführen und welche Materialien sie dazu benutzen. Sie weiß, um welche Materialien es Streit gegeben hat und welche nicht besonders beachtet worden sind. Während des Morgenkreises hat sie eine gute Gelegenheit, den Kindern ein Spielzeug zu präsentieren, welches ihre Neugier weckt. Die Erzieherin nimmt dabei die Rolle eines Vorbildes ein („Wir können ja auch einmal dieses spielen … "), und schlüpft zugleich in die Rolle eines Spielpartners, der sich auf gleicher Ebene wie die Kinder auf eine Untersuchung des Spielmaterials einlässt.

You will need:
- *Comfortable cushions*
- *Soft lighting*
- *Suitable materials (e.g. objects for pegging or stacking, building blocks, cloths, colourful glasses …)*

What to do
The nursery nurse should observe the children closely over a period of days to see which play actions the children currently enjoy most and which materials they prefer to use. As a result, she knows which materials the children argued over and which did not appear to interest the children. Morning circle time offers an excellent opportunity to arouse the children's interest for a particular toy or game. The nursery nurse hereby acts as a role model ("Why don't we play…?") as well as a game partner, investigating the chosen toy at the same level as the children themselves.

Morgenkreis *Morning circle time*

Geschichtentag
Story day

Alter *age 1–3*

Das wird gebraucht
- Bequeme Sitzkissen
- Angenehmes Licht
- Ein Geschichtensäckchen mit den passenden Utensilien

So geht's
Schon für Kleinkinder sind visualisierte Geschichten faszinierend. Ein Geschichtensäckchen, in dem die Utensilien der jeweiligen Geschichte und der dazu passende Text aufbewahrt werden, stellt ein einfaches Hilfsmittel dar, um Geschichten oder Märchen zu einem bestimmen Rahmenthema mit Figuren darzustellen. Die Erzieherin beginnt mit passenden Gesten die Geschichte zu erzählen. Sie ist darin geübt, die Nachfragen der Kinder aufzugreifen und in die Geschichte einzubauen. Der laminierte Text dient ihr als Gedankenstütze. Am Ende legen die Kinder alle Utensilien wieder zurück in das Säckchen. Eine gut erzählte Geschichte im Morgenkreis regt die Kinder zum Weiter- und Nachspielen an.

You will need:
- *Comfortable cushions*
- *Soft lighting*
- *A story bag with the appropriate props*

What to do
Children – even toddlers – are fascinated by stories narrated with visual aids. If you want to tell a story or fairy tale on a given theme, then a story bag containing the relevant script and visual aids is an ideal prop. The nursery nurse begins to tell the story, making the relevant gestures as she does so. As she narrates, she should react to children's questions and incorporate the answers into her story. The text, written on a laminated sheet of paper, can help to jog her memory. At the end of the story, the children return the props to the bag. A well-narrated story in morning circle time inspires children to play or act the story later on.

Morgenkreis *Morning circle time*

Wettertag
Weather day

Alter *age 2–3*

Das wird gebraucht
Neugierde und „Mit-Staunen", aber keine Besserwisserei: Kinder wollen die Welt selber noch einmal neu entdecken anstatt vorgefertigte Antworten zu bekommen.

So geht's
Natürlich wäre es eine ziemlich fragwürdige Vermutung, wenn sich Kinder für keine wichtigeren Themen interessieren würden als für die Jahreszeiten. Unsere Erfahrung zeigt, dass sich hinter der „Jahreszeiten-Pädagogik" nicht selten Gedanken- oder Fantasielosigkeit von gestressten Erzieherinnen verbirgt. Aber wir wissen, dass sich das Interesse der Kinder darum dreht, was sich um sie herum tut. Deshalb kann eine ganz alltägliche Frage wie „Was ziehen wir an, wenn wir rausgehen?" zum gemeinsamen Nachdenken anregen: „Warum ist es denn überhaupt wichtig, dass unsere Füße bei Regenwetter trocken bleiben?" Die Kinder stimmen sich auf diese Weise für den bevorstehenden Ausflug in den Garten ein. Die Erzieherin kann die gefundenen Antworten, Erkenntnisse und Einsichten beim Anziehen in der Garderobe gleich wieder aufgreifen. Dies ist ein schöner Nebeneffekt: Wer weiß, warum bestimmte Dinge wie das mühsame Anziehen der Gummistiefel oder der Regenjacke wichtig sind, lernt besser.

You will need:
Curiosity and a sense of wonder, but not a know-it-all attitude – children don't want to be presented with answers on a plate! They want to discover the world for themselves!

What to do
Children are intrigued by the changing seasons – but is this really top of their list of interests? In our experience, the "Seasons of the Year" theme frequently conceals a lack of thought or imagination on the part of the nursery nurses. However, children are certainly interested in all that is happening around them. So an everyday question such as "What shall we wear when we go outside?" can get the group thinking, and pave the way for further questions: "Why is it important to keep our feet dry when it's raining?" In this manner, we can prepare children emotionally for going outdoors. Over in the cloakroom, the nursery nurses can pick up on the answers, insights and opinions generated by the group. And this has another good side effect: if a child understands why it has to go to the trouble of putting on welly boots or a coat, it will learn to perform these actions better.

Morgenkreis *Morning circle time*

Ich-Buch-Tag
Me-book day

Alter *age 1–3*

Das wird gebraucht
- Jedes Kind sollte dieses Fotoalbum mit Bildern von zu Hause von der Eingewöhnung an besitzen.
- Eine vertrauensvolle Atmosphäre: Die gemeinsame Betrachtung des Ich-Buches ist eine vertrauensvolle Angelegenheit. Nur, wenn das Kind es möchte, dürfen andere sein Buch betrachten.
- Als Grundlage für das Ich-Buch eignet sich ein einfaches Fotoalbum zum Einstecken. Eine stabilisierende Pappe auf der Rückseite der Fotos erleichtert das Umblättern.

So geht's
Um sich in der neuen Welt der Krippe wie Zuhause fühlen zu können, tut es vielen Kindern gut, die vertraute Welt der Familie tagsüber ein wenig zu vergessen. Andersherum kann es aber auch gut tun, sich der Familienmitglieder zu versichern. Und es ist natürlich auch für kleine Kinder ein Bedürfnis, sich über die eigene Lebenswelt mit anderen auszutauschen. Für diese Bedürfnisse geben wir jedem Kind in der Krippe ein Ich-Buch. Die Erzieherinnen setzen sich im Morgenkreis mit Kindern zusammen, um gemeinsam das Buch zu betrachten, auf die abgebildeten Personen oder Gegenstände zu zeigen und darüber zu sprechen.

You will need:
- *A photo album with pictures of home (which each child should have from its induction days in the nursery)*
- *An atmosphere which inspires trust: looking at the me-book together is something intimate so other people should only be allowed to view the me-book with the child's consent!*
- *A me-book can consist of a simple photo-album with pockets. The pages are easier to turn if photos are glued on to pieces of cardboard.*

What to do
To settle into the new day nursery world, lots of children prefer to forget about the familiar world of home and family for a few hours. Vice versa, it can also be good for children to recall family members when they feel the need to do so. And, of course, young children often feel the need to share their own world with others. For this purpose, we make a me-book for each child in the day nursery. The nursery nurses sit with the children in morning circle time and look at the books together, pointing to the people in the pictures and talking about them.

Morgenkreis *Morning circle time*

Aufräumtag
Tidying up day

Alter *age 2–3*

Das wird gebraucht
- Eine gute Ordnung im Raum
- Übersichtliche Plastikboxen
- Aufräumfotos, die an Regale, Kisten oder Körbe geklebt werden: So wissen die Kinder genau, welcher Gegenstand welchen Platz hat
- Sinnvoll zusammengestelltes Spielmaterial

So geht's
Freitag ist Aufräumtag: Die Gruppe sieht sich den Raum, für die sie verantwortlich ist, genau an und überlegt, was zu tun ist, damit in der nächsten Woche alles wieder gut funktioniert, alle Materialien an ihrem Platz sind und alles ordentlich aussieht. Auch bei dieser später eher lästigen Aktivität helfen Kleinkinder gerne – vorausgesetzt, es gibt ein Ordnungssystem, bei dem jedes Ding seinen leicht zu findenden Platz hat.

You will need:
- *A well-organised room*
- *Clearly arranged transparent boxes*
- *Tidying-up photos stuck to the shelves, boxes or baskets to show the children exactly what goes where*
- *A meaningful collection of toys*

What to do
Friday is tidying-up day: the group takes a close look at the room for which it is responsible and thinks about what needs to be done in order for the next week to run smoothly, for all materials to be put back in place and for the room to look tidy. Although it later becomes an annoying chore, small children enjoy helping to tidy – provided the structure is clear and it's easy to find the right place to put everything.

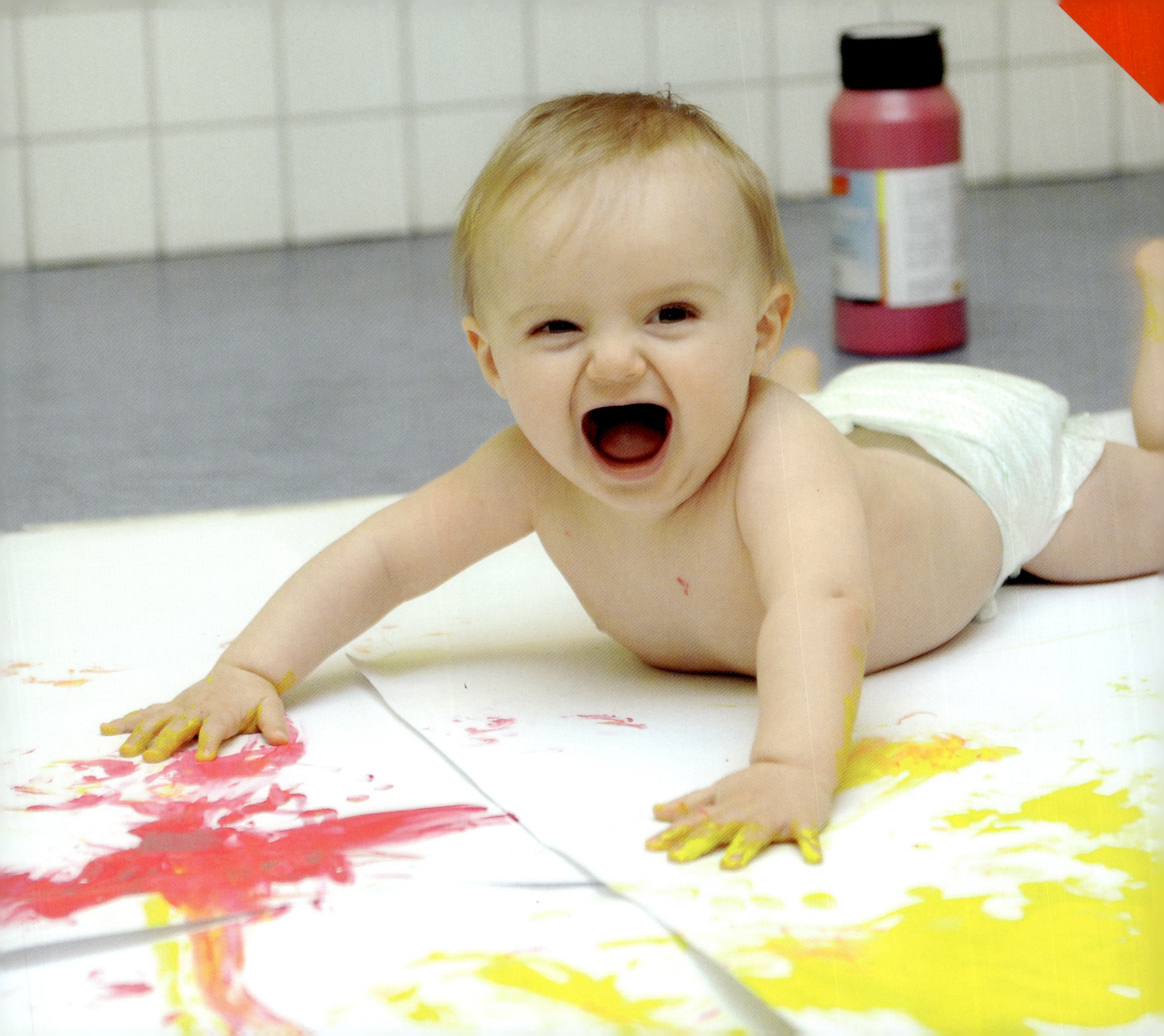

Angebot

Activity time

Das brauchen die Kinder
- Herausfordernde und entwicklungsangemessene Materialien
- Ausreichend Platz
- Eine sichere Umgebung

What children need
- *Challenging materials, depending on their level of development*
- *Sufficient space*
- *Safe surroundings*

Angebote sollten als eine Anregungszeit betrachtet werden, die den Kindern spannende und herausfordernde Begegnungen mit interessanten Materialien und Handlungen ermöglicht. Nach der Spielzeit beginnt das Angebot? Nein, besonders in der Krippe muss gelten: Zwischen dem gelenkten und freien Spiel und der Angebotszeit gibt es keine grundsätzlichen Unterschiede in Bezug auf die Handlungsmöglichkeiten. Auch das Angebot besteht aus gelenkten wie freien Spielhandlungen. Der grundsätzliche Unterschied besteht eher darin, dass für die Angebote gezielte Erfahrungsmöglichkeiten geschaffen werden, die sonst im Alltag nicht immer vorliegen: Es gibt ein neues Material zu entdecken, ein bestimmter Ort mit besonderem Materialangebot wie beispielsweise der Atelierbereich wird aufgesucht, oder es wurde von der Erzieherin ein besonderes Lernarrangement vorbereitet, beispielsweise bestimmte Musik oder ein Matratzenberg im Bewegungsraum, den es sonst nicht gibt.

Activity time should be seen as a time to stimulate the children by confronting them with exciting, challenging and interesting materials and actions. Does activity time begin after play time? No! In a day nursery more than anywhere else, there should not be any major differences between the actions performed during guided play, free play and activity time. Activity time consists of both guided play and free play actions. The main difference is that this is an opportunity to present the children with various sensory challenges which they might not always encounter in everyday life – a new material, perhaps, for the child to explore, or an excursion to a special place with special materials, such as the arts and crafts room. Or perhaps the nursery nurses might prepare an educational experience involving certain music or a pile of mattresses in the gym.

So gelingt's

In der Regel ist es bei den noch sehr kleinen Kindern wenig sinnvoll, für ein Angebot den vertrauten Raum zu verlassen, sieht man einmal von verschmutzungsintensiven Farbaktionen ab, die besser in das Atelier passen. Ein Angebot entspricht eher dem üblichen Ablauf der „Fußbodenzeit": Eine Erzieherin nähert sich einem oder mehreren Kindern mit einem nicht allzu bekannten Material, lässt sie dieses untersuchen und schlägt Aktivitäten mit dem Material vor.

Darauf achten

- Grundsätzlich gilt: Es ist immer günstiger, lieber kürzer mit kleineren, überschaubaren Kindergruppen zu arbeiten, als viel Zeit für eine viel zu große Gruppe zu verwenden. Auch unscheinbare Ergebnisse sollten bei den Angeboten stets ein positives Feedback bekommen.
- Es sollte selbstverständlich darauf verzichtet werden, Arbeitsweisen und Werke der Kinder vorwurfsvoll zu kommentieren („Da hättest du dir aber ruhig mehr Mühe geben können!")

How to get it right

Generally speaking, there is little point removing toddlers from the room in which they feel at home unless the activity is a "messy" one involving lots of paint, which would be better in the arts and crafts room. Activity time is similar to "floor time": a nursery nurse approaches a child, or a small group of children, with a less familiar or unfamiliar material, allows them to explore the material in question, and suggests activities which can be performed with the material.

Note:

- *Bascially, It's always preferable to concentrate on a small group for a short amount of time than on a big group for a longer amount of time. Positive feedback should always be given, even if the results are unspectacular.*
- *It should go without saying that nursery nurses should refrain from criticising the approach or attempts of the children ("You should have tried a bit harder!").*

So gelingt die Angebotszeit in der Krippe
1. Vorbereitung des Raums durch eine Erzieherin
2. Teilen der Gruppe
3. Eine Erzieherin bereitet die Kinder vor, die am Angebot teilnehmen: z.B. Ausziehen für das Atelier oder das heuristische Spiel, Anziehen der Turnkleidung für das Bewegungsangebot
4. Kinder werden in den Raum geführt
5. Die Kinder nähern sich Material und beginnen damit zu hantieren
6. Die Erzieherin beobachtet und macht sich Notizen
7. Die Erzieherin greift nur selten ein
8. Die Erzieherin räumt gemeinsam mit den Kindern auf
9. Erzieherin führt Kinder aus dem Raum

Getting activity time right
1. *The room is prepared by a nursery nurse*
2. *The group is divided into smaller groups*
3. *One nursery nurse prepares the children involved in the activity: e.g., by getting them dressed appropriately for the arts and crafts room or heuristic game, or getting them ready for gym*
4. *The children are led into the prepared room*
5. *The children approach the materials and begin to play with them*
6. *The nursery nurse observes the children and takes notes*
7. *The nursery nurse seldom intervenes*
8. *The nursery nurse tidies up with the children*
9. *The nursery nurse leads the children back out of the room*

Atelier
Arts and crafts room

Angebot *Activity time*

Alter *age 1—3*

Das wird gebraucht
- Geeignete Materialien wie Farbe, Ton, Knete, Pinsel, Schwämme
- Schutzkleidung
- Eine Matschwanne oder einen Matschplatz im Garten
- Eine Kritzelwand

So geht's
Erfahrungen mit ungewöhnlichen Materialien sind ein wichtiges Erfahrungsfeld für die Kinder. Im Atelierangebot ist es möglich, Kindern Erfahrungen mit Materialien zugänglich zu machen, die im sonstigen Krippenalltag einfach zu unpraktisch wären. Hier ist es möglich, mit den Händen in feuchtem Ton herumzukneten, mit buntem Farbbrei zu schmieren, Wasser zu schütten oder mit Naturmaterialien in großer Menge zu hantieren.

Wichtig:
Für die kleinen Kinder ist das Ergebnis ihres Tuns wenig interessant und taugt im besten Fall als Erinnerungsstück daran, dass sie im Atelier etwas erlebt haben. Keineswegs darf es deshalb Ziel der Atelierarbeit sein, lediglich für die Eltern gemalte Souvenirs ihrer Kinder herzustellen!

You will need:
- *Suitable materials such as paint, clay, plasticine, paintbrushes, sponges*
- *Aprons, smocks, protective clothing*
- *Mud bath or mud corner in the garden*
- *Scribble wall*

What to do
It's important for children to gain experiences in handling unusual materials. In the arts and crafts room, children can experiment with materials which would be impractical in other rooms of the day nursery. Here, the child can mess around with wet clay, smear paper with paint, spray water or play around with natural materials.

Important:
Small children are fairly uninterested in the result of their work; at best, it's merely a reminder of the fun they had in the arts and crafts room. So the point of the arts and crafts room is most definitely not for producing souvenirs for parents!

Angebot *Activity time*

Bewegung
Exercise

Alter *age 0–3*

Das wird gebraucht
- Ausreichend Platz zum Bauen
- Eine gute Vorbereitung:
  Wo liegen mögliche Gefahrenquellen?
- Matratzen
- Hüpfmatten
- Podeste
- Softbausteine

You will need:
- *Sufficient space for building*
- *Preparation!*
  Where might danger be lurking?
- *Mattresses*
- *Play mats*
- *Pedestals*
- *Giant foam blocks*

So geht's

Einmal die Woche ein Bewegungsangebot? Diese Vorstellung widerspricht dem Lernbedürfnis der Krippenkinder, denn sie üben täglich neue Bewegungsformen und sollten somit auch täglich gezielt von uns begleitet und angeregt werden. Besonders geeignet sind dafür Bewegungslandschaften, in denen die Kinder vielfältige, sonst im Alltag kaum mögliche Bewegungsformen nach eigenem Bedürfnis erproben können. Wie fühlt es sich an, auf unterschiedlichen Untergründen zu krabbeln, zu liegen, zu laufen? Was erlebe ich, wenn ich über etwas hinüber oder hindurch gelange? Wie verändert sich der Blick auf den Raum, wenn ich ihn aus einer ungewohnten Perspektive wahrnehme, weil ich oben auf dem Matratzenstapel oder unter dem Tisch liege? All diese Erfahrungen sollen Anlass sein, mit den Kindern gemeinsam darüber zu sprechen. Mit wenig Aufwand baut die Erzieherin aus Matratzen und großen Softbausteinen eine Bewegungslandschaft zusammen und ermöglicht den Kindern auf diese Weise zu hüpfen, sich fallenzulassen, herunterzurollen und hinauf zu robben. Natürlich ist bei allen Aufbauten dieser Art über das Alter der Kinder und damit zusammenhängende Sicherheitsfragen nachzudenken!

What to do

Gym only once a week? This hardly meets the needs of nursery age children, who practice new movements every day, and who need our daily, targeted support and encouragement accordingly! Soft play areas are ideal for this purpose, as they allow children to practice at their leisure those movement patterns which are rarely possible in everyday life. How does it feel to crawl, lie or walk on different surfaces? What happens when I cross an obstacle? What does the room look like from an unusual perspective – from the top of a pile of mattresses, for example, or from underneath the table? Talk with the children about all these experiences! A soft play area can be constructed fairly easily by the nursery nurses with the aid of mattresses and giant foam blocks, giving the children a place to jump, tumble, roll and crawl. Naturally, the soft play area should always be geared to the age of the children, observing all relevant safety aspects!

Alter *age 0—3*

Angebot *Activity time*

Musik
Music

Alter age 1–3

Das wird gebraucht
- Geeignete Instrumente wie Klanghölzer, Rasseln und Trommeln
- Ein Klavier
- Ausreichend Platz zum Bewegen und Tanzen

So geht's
Die Welt ist voller Klänge und faszinierender Geräusche! In der Krippe geht es bei allen Musikangeboten darum, die Vielfalt an Klängen zu entdecken und verstehen zu können. Das beginnt damit, dass wir kleine Kinder auf sich ergebende laute und leise Geräusche hinweisen, eigenen Gesang und Instrumente einsetzen und sie animieren, mit Klanghölzern und Rasseln Klänge zu erzeugen. Mit Trommeln, Rasseln oder Klanghölzern können die Kinder auch beginnen, gesungene Lieder in der Gruppe rhythmisch zu begleiten. Gut geeignet ist natürlich auch das Klavier, denn Kleinkinder können schon bald nicht nur Töne anschlagen, sondern auch spielerisch ihrem Temperament durch entsprechendes Tastenspiel Ausdruck verleihen. Eine schöne Situation im Musikangebot ist es, jedes Kind einzeln ein wenig auf dem Klavier herumklimpern zu lassen, sich dabei gegenseitig zuzuhören und gemeinsam darüber zu sprechen, wie sich das Gespielte anhört: Laut oder leise, tief oder hoch, fröhlich oder gefährlich?

You will need:
- *Suitable instruments such as claves, rattles and drums*
- *A piano*
- *Sufficient space to move and dance*

What to do
The world is full of sounds and wonderful noises! Music activities in day nurseries are all about discovering and understanding sounds. This begins by drawing the attention of very young children to loud and quiet noises, by singing and playing instruments, and by encouraging children to make sounds with claves and rattles. Children can also begin to rhythmically accompany songs with drums, rattles and claves. A piano is ideal because even very small children can press the keys to strike a note, or give expression to their mood by hammering loudly or playing softly on the keys. During the music session, it's good to allow each child to have a little play on the piano, to encourage them to listen to each other playing, and to talk about what the playing sounded like. Was it loud or quiet, high or low, happy or frightening?

Angebot *Activity time*

Heuristisches Spielen
Heuristic games

Alter *age 0—3*

Das wird gebraucht
- Einen möglichst leeren Raum mit Teppichboden
- Leere, große Konservendosen
- Material wie: Ketten, Schläuche, Gardinenringe, Muscheln, Deckel von Babygläschen, Korken usw.

So geht's
Eine Erzieherin bereitet den Raum vor, indem sie für etwa fünf Kinder je einen Haufen einfacher Alltagsmaterialien bereitstellt: Eine große Dose, Ketten, Schläuche, Korken, Deckel von Babygläschen, Röhren usw.
Die Kinder werden für das heuristische Spiel vorbereitet und ziehen dafür Schuhe und Strümpfe aus. Das Material soll mit allen Sinnen erfahren werden können. Die Kinder werden in den Raum geführt und suchen sich einen Haufen aus. Sie beginnen zu spielen, indem sie mit dem

You will need:
- *A room, preferably empty, laid out with carpet*
- *Large, empty tins*
- *Materials such as: necklaces, tubes, curtain rings, shells, lids from baby food glasses, corks etc.*

What to do
One nursery nurse prepares the room by making one pile of materials per group of five children: a large tin, necklaces, tubes, corks, lids, pipes etc.
Prepare the children for the heuristic game, removing their shoes and socks. The children should be able to experience the materials with all five senses. The children are led into the room and choose a pile. They begin to play by picking up and fiddling with the materials in front of them. The nursery nurse sits on a chair and watches the children. She takes

81

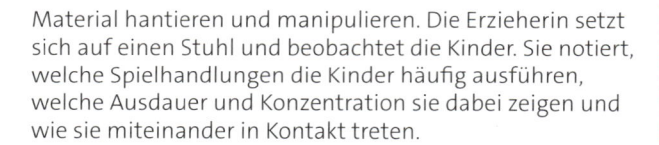

Material hantieren und manipulieren. Die Erzieherin setzt sich auf einen Stuhl und beobachtet die Kinder. Sie notiert, welche Spielhandlungen die Kinder häufig ausführen, welche Ausdauer und Konzentration sie dabei zeigen und wie sie miteinander in Kontakt treten.

notes on which play actions the children perform repeatedly, how much stamina and concentration they have, and how they interact with each other.

Sicherheit
Selbst hergestellte und gesammelte Sinnesmaterialien bieten fast nie TÜV-geprüfte Sicherheit. Die Erzieherinnen müssen also genau prüfen, dass jedes Material folgende Sicherheitskriterien erfüllt:
- Groß genug, um nicht verschluckt werden zu können
- Bei runden Gegenständen: Groß genug, um keine Ansauggefahr zu bilden
- Bei Naturmaterialien: Hygienisch, schimmelfrei, nicht scharfkantig, nicht leicht in gefährliche Kleinteile zerbrechbar

Safety
Materials which you have made or collected yourself rarely comply with official safety standards. Hence nursery nurses should check all materials themselves to ensure that:
- *objects are big enough not to be swallowed*
- *round objects are big enough not to be a suction hazard*
- *natural materials are hygienic, free of mould, free of sharp edges and cannot easily be broken into tiny pieces*

Alter *age 0–3*

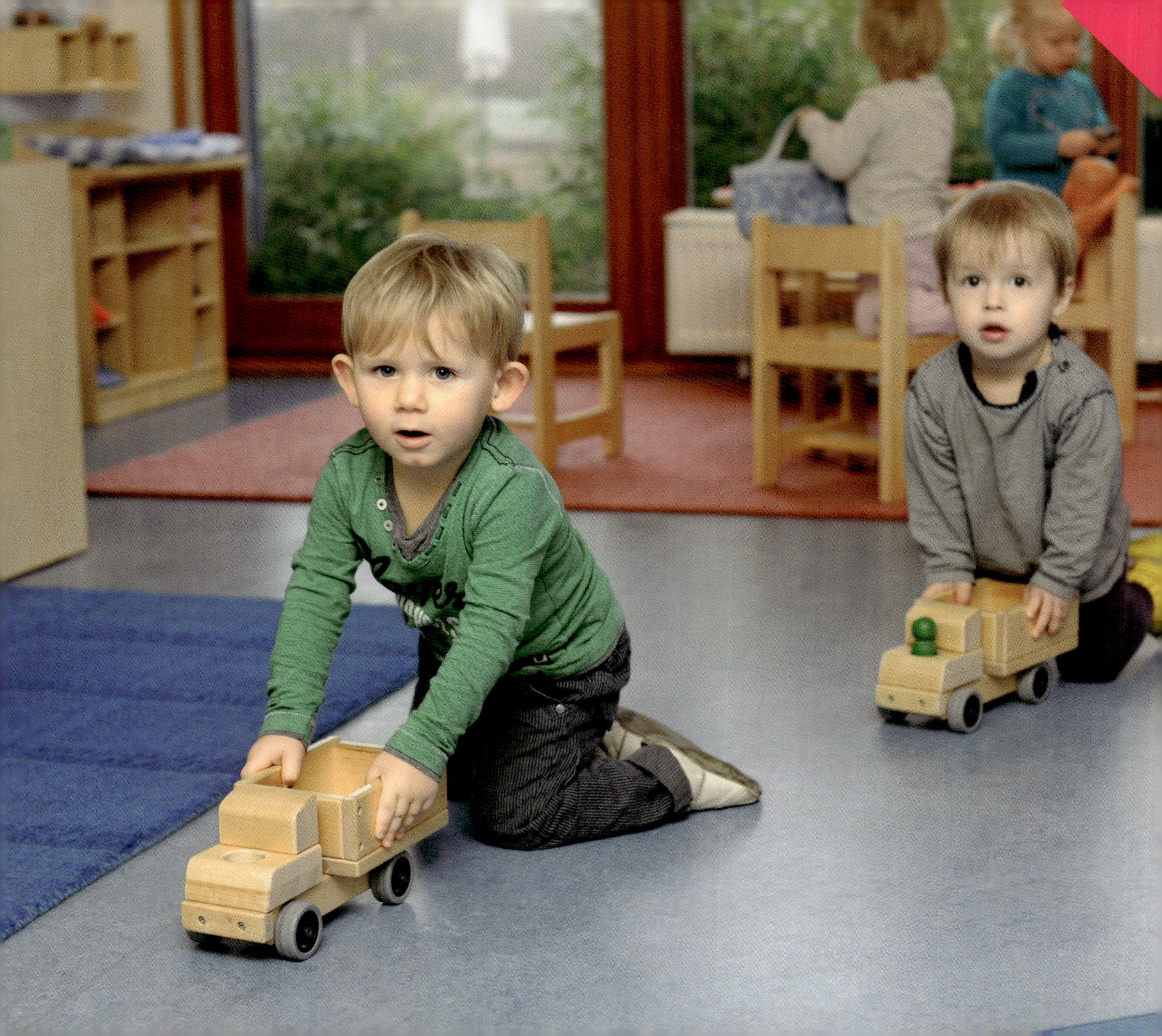

Spielzeit

Play time

Das brauchen die Kinder
- Anregungsreiche Alltags- und Naturmaterialien
- Einen sicheren Raum, in dem die Kinder ungehindert vor Gefahren agieren können
- Erzieherinnen, die über Kenntnisse der wichtigsten Spielformen im Kleinkindalter verfügen

What children need
- *Stimulating everyday materials, man-made and natural*
- *A safe space in which to play, free of all danger*
- *A nursery nurse who understands the basic forms of toddler play*

Alle Kinder lernen im Spiel. Besonders Kleinkinder erkunden die Welt, indem sie mit den Dingen hantieren und unterschiedlichen Funktionsproben unterziehen. „Elementare Spielhandlungen" werden die Tätigkeiten der kleinen Kinder genannt, in denen sie Dinge fallen lassen, sie zusammenstecken, zum Klingen bringen oder verstecken. Diesen Spielhandlungen widmen sich kleine Kinder oftmals mit großer Geduld und Ausdauer. In der Mitte des zweiten Lebensjahres beginnen die Kinder damit, den Sinn und Zweck, also die Bedeutung der Gegenstände zu erkunden. Im Als-Ob-Spiel ahmen sie nach, was sie beobachtet haben, beispielsweise indem sie die Puppe mit einem Baustein füttern. Im dritten Lebensjahr beginnt bereits eine frühe Form des Rollenspiels. Die Kinder versuchen zu verstehen wie andere Personen handeln, etwa indem sie wie die Eltern zu Hause den Tisch decken. All diese Spielformen sollten von den Erwachsenen als wichtige kindliche Entwicklungsschritte verstanden werden. Das Spiel ist die Haupttätigkeit in der Krippe und braucht daher genügend Zeit, geeignete Räume und passende Materialien. Die Kinder brauchen viele Möglichkeiten, um über den gesamten Tag hinweg zu spielen, Materialien zu erkunden und Erlebnisse nachzuspielen. Sie benötigen dazu Erwachsene, die sie genau beobachten und im richtigen Moment die passenden Dinge zur Verfügung stellen. Ebenso brauchen sie Erwachsene, die mit ihnen spielen, Anregungen geben und sich im richtigen Moment wieder aus dem Spiel herausziehen.

> **Beim Spielmaterial für Krippenkinder gilt:**
> - Weniger ist mehr.
> - Alltagsmaterial ist wertvoller als Spielzeug.
> - Unstrukturiertes Material ist dem strukturierten Material vorzuziehen.

All children learn by playing. Small children in particular discover their world by handling objects and exploring their various functions. When a small child drops an object on purpose, slots two things together, makes something resound or hides something, this is called an "elementary play action". Small children will often repeat these actions with great patience and perseverance. At around the age of one and a half, children begin to explore the meaning and purpose of objects. They play "let's pretend" games where they copy the actions they have observed – and feed a doll with a building block, for example. Between the ages of two and three, children begin with an early form of role play. Children try to understand the actions of other people, e.g., by laying the table as they have seen their parents do at home.

Adults should recognise that these are important steps in the development of their children. Playing is the main activity in day nurseries, so this must be assigned sufficient time, space and materials accordingly. Children need plenty of opportunities throughout the day to play, explore materials and process their experiences through role play.

They need adults who observe them closely and present them with the right materials at the right moment. They also need adults who join in with their games, give them ideas, and withdraw from the game at just the right moment.

When it comes to play materials for day nurseries, the maxim should be:
- Less is more.
- Everyday materials are better than toys.
- Unstructured material is better than structured material.

So gelingt's

Auf Morgenkreis und Angebotsphase folgt eine intensive und freie Spielphase. Diese kann, je nach Wetterlage und den örtlichen Gegebenheiten, in den Räumen oder im Garten stattfinden.

Die Spielphase gelingt nur dann, wenn das richtige Material für die Kinder angeboten wird und wenn die Erzieherinnen die Kinder stets genau beobachten. Denn aus ihren Beobachtungen leiten sie anschließend ab, welche Spielmaterialien für die Weiterentwicklung der Kinder von Bedeutung sein könnten, um neue Lernerfahrungen anzuregen. Ein Beispiel: Kinder, die viel transportieren, benötigen Platz und Möglichkeiten dazu. Deshalb sollten Taschen, Kartons, Wagen und viele andere Dinge, die sich transportieren lassen, angeboten werden. Der Raum sollte möglichst frei sein und Platz zum Hin- und Herlaufen bieten. Und auch die Regale sollten mit den Dingen bestückt sein, die transportiert werden können.

How to get it right

Following morning circle time and activity time, an extensive period of time should be set aside for free play. Depending on the weather and local conditions, this could be either indoors or outdoors.

In order for play time to be a success, the children need to have access to the right materials, and the nursery nurses need to keep a close eye on what is happening so that they can use their observations to deduce which play materials might support the child in their next phase of development and stimulate them to learn new things. For example: children who enjoy transporting things from one place to another need space and opportunities. These children should be given bags, boxes, vehicles and other things to transport. The room should be as uncluttered as possible so that the children can move freely. Shelves should also be filled with objects that can be transported.

Darauf achten:
- Im Raum und im Garten die Dinge bereithalten, die für den nächsten Entwicklungsschritt der Kinder von Bedeutung sind.
- Selber mitspielen und dabei den Kindern zeigen, welche neuen Möglichkeiten der Einsatz von unstrukturiertem Material bietet, wie die Puppe gefüttert wird oder was der Zugschaffner macht.
- Wichtig ist, dass die Erzieherinnen Spielanregungen geben und Spielanlässe schaffen. Sie ziehen sich aber aus dem Spiel wieder heraus, sobald die Kinder die Anregung aufgegriffen haben.
- Jede Spielsituation beobachten, um festzustellen, was die Kinder in ihrem aktuellen Entwicklungsstand gerade lernen.

Note:
- *Both indoors and outdoors, materials which are important for the child's next phase of development should be to hand.*
- *Nursery nurses can join in with the children's games and show them new ways to use unstructured materials, or how to feed a doll, or what the train conductor does.*
- *It is important for nursery nurses to give the children ideas for their games. But as soon as the child has grasped the idea, the nursery nurse should withdraw from the game.*
- *Keep a close eye on all the games to see what the children are currently learning through their play.*

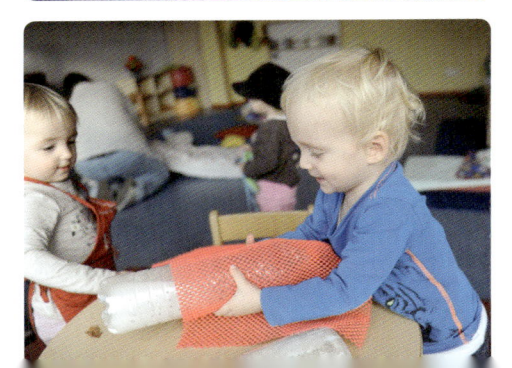

Spielzeit *Play time*

Lernspiele am Tablett
Educational activity trays

Alter *age 1—3*

Das wird gebraucht
- Tabletts und viele Ideen für Lernarrangements
- Gemeinsamer Austausch:
  Wir empfehlen, dass sich die Erzieherinnen regelmäßig treffen, um über sinnvolle Tabletts für ihre Kinder zu beraten. Dazu werten sie die Beobachtungen der letzten Wochen aus und überlegen, welche Materialangebote die Kinder zum nächsten Entwicklungsschritt herausfordern könnten.

So geht's
Kleine Kinder brauchen viele Gelegenheiten, um ihre Geschicklichkeit zu trainieren und ihr Wissen über die Welt zu vertiefen. Die Erzieherinnen arrangieren dafür verschiedene Lerntabletts, auf denen die Kinder ganz unterschiedliche Übungen vorfinden. Die Tabletts werden für die Kinder sichtbar und erreichbar im Raum aufbewahrt. Ein Wandtisch, an dem die Kinder mit dem Gesicht zur Wand,

You will need:
- *Trays and lots of ideas for educational activities*
- *A plenary session:*
  we recommend that nursery nurses arrange regular meetings to design meaningful activity trays for the children in their groups. To do so, they should discuss what they have observed over the past week, and think about which materials might challenge the child to move on to the next phase of development.

What to do
Small children need plenty of opportunities to practice their fine motor skills and find out more about the world around them. For this purpose, nursery nurses can create activity trays, each of which enables the child to practice a different skill. These trays are stored where they can be seen and accessed easily by the children. A table is placed against a wall so that children can sit with their backs to the hustle

also vom Trubel im Raum abgewandt, konzentriert arbeiten können, steht dafür bereit.

Das Konstruktionstablett wurde mit Rohren und Verbindungstücken gefüllt. Die Kinder versuchen nun die Stücke zu verbinden. Am Ende lässt sich eine Kugel durch das gesteckte System rollen.

Auf dem Schütt-Tablett stehen eine durchsichtige Kanne, gefüllt mit Maisgrieß, und ein Glas bereit. Die Kinder üben sich nun darin, den Maisgrieß in das Glas umzufüllen, ohne dabei etwas zu verschütten.

Das Sortier-Tablett weckt die Neugier mit drei Schalen und zwei Sorten unterschiedlich großer Nudeln. In einer größeren Schale befinden sich die gemischten Nudeln. In der zweiten Schale liegt eine kleine Nudel, in der dritten die große Nudel. Die Kinder fühlen sich durch das Arrangement aufgefordert, die Nudeln aus der größeren Schale heraus nach ihrer Größe zu sortieren.

and bustle and concentrate on their activity tray.
The construction tray consists of tubes and connecting pieces. The child attempts to connect the various pieces. When they've finished, they can roll a marble through the tube.
The pouring tray is laid out with a transparent jug filled with dry semolina, and a glass. Here, the child can practice pouring semolina into the glass without any spillages.
The sorting tray holds three bowls and two different types of pasta shapes. The pasta is all mixed up in the largest of the three bowls. One pasta shape has been placed in each of the smaller bowls by way of example. This inspires the child to sort the pasta from the larger bowl according to shape.

Alter *age 1–3*

Spielzeit *Play time*

Rollenspiel
Role play

Alter *age 1–3*

Das wird gebraucht
- Möglichst multifunktionale Spielecken
- Viele verschiedene unspezifische Materialien wie Steine, Stöckchen, Bausteine, Muscheln oder Federn
- Alltagsmaterial aus der Küche: leere ausgewaschene Milchkartons, Joghurtbecher, Müsli-Schachteln usw.
- Kochgeschirr aus der realen Küche. Puppenkram erinnert oft nur entfernt an die realen Vorbilder und wird von den Kindern deshalb häufig gar nicht zum Spielen benutzt.

So geht's
Im dritten Lebensjahr beginnen die Kinder, die Erwachsenen in Spielsituationen mit anderen Kindern nachzuahmen. Dies ist im eigentlichen Sinne kein Rollenspiel, da nicht wirklich Rollen und Regeln verabredet werden. Trotzdem gehen die Kinder in Rollen hinein, wenn sie beispielsweise wie die Kinderärztin ein anderes Kind abhorchen, wie die Mutter oder der Vater einen Kaffee

You will need:
- *Play corners (preferably multi-functional)*
- *Lots of different, unspecific materials such as stones, sticks, building blocks, shells or feathers*
- *Everyday kitchen materials: empty, clean milk cartons, yoghurt pots, cereal boxes etc.*
- *Real cooking utensils (often, play materials barely resemble the originals on which they are modelled, which is why children display little interest in playing with them!)*

What to do
From the age of two onwards, children engage with other children and copy adult actions. Strictly speaking, this is not role play – they haven't agreed on roles or rules beforehand. Nonetheless, the children are entering into the spirit of role play whenever they pretend to be a doctor listening to another child's heartbeat, a mother or father serving coffee,

servieren oder wie die Kassiererin im Supermarkt Gegenstände scannen.

Das Rollenspiel im Kindergarten braucht zum Ende des zweiten Lebensjahres viele Möglichkeiten für Als-ob-Handlungen. Ein Hocker genügt, um als Puppentisch, Herd oder Wickelkommode verwendet zu werden.

Der Raum sollte deshalb so eingerichtet sein, dass die Kinder die wichtigen Elemente aus ihrer Lebensumwelt vorfinden, wiedererkennen und sie für ihr Spiel nutzen können. Alltagsmaterialien runden das Angebot ab.

Die Erzieherin regt das Spiel an, indem sie sich beispielsweise eine Puppe nimmt und mit dieser zu sprechen beginnt: „Oh, du arme Puppe, hast Du Hunger? Na warte mal, ich habe gleich ein frisches Fläschchen für dich…"
Dabei wiegt sie die Puppe und beginnt, mit Hilfe eines Bausteins ein imaginäres Fläschchen zu geben. Die Kinder werden auf das Verhalten der Erzieherin aufmerksam, bringen andere Dinge um die Puppe zu füttern, zu pflegen oder schlafen zu legen. Je nach Alter tun die Kinder dies gemeinsam oder alleine. Die Erzieherin kann sich dann langsam aus der Spielsituation herauslösen.

or a cashier scanning shopping at the till.
When children reach the age of two, they need plenty of opportunities in the day nursery to indulge in "let's pretend" games. A simple stool can serve as a doll's table, a cooker or a nappy-changing table.
The room should be furnished such that children find and recognise important elements from their normal living environment, and can use these in their games. Everyday materials should also be to hand.
The nursery nurse might trigger a game by picking up a doll and starting to talk to it. "Oh, poor dolly, are you hungry? Wait a moment – I'll make you a bottle…" Then she cradles the doll in her arms and starts to feed it with an imaginary bottle – using a building block as a prop. Their interest aroused by the nursery nurse's actions, the children then bring other objects to feed to the doll, or to change its clothes or lie it down for a nap. Depending on their ages, the children do this together or alone. Gradually, the nursery nurse can now withdraw from the game.

Alter *age 1–3*

Spielzeit *Play time*

Sortieren, Aufräumen und Ordnung erkennen
Sorting, tidying and recognising order

Alter *age 1–3*

Das wird gebraucht
- Eine gute Ordnung im Raum
- Übersichtlich angeordnete Spielecken, deren Sinn sich den Kindern von selbst erschließt
- Durchsichtige Plastikboxen
- Aufräumfotos
- Lieber wenig, aber dafür sinnvoll ausgewähltes Spielmaterial
- Viele Dinge der gleichen Art zum Sortieren: Knöpfe, Steine, Muscheln, Nudeln

So geht's
In Krippenräumen ist es sinnvoll, über Ordnungssysteme nachzudenken. Kleine Kinder können gut erkennen, welcher Gegenstand zu welchem gehört, sie sind damit in der Lage selbständig aufzuräumen. Dies gelingt aber nur, wenn das Materialangebot im Raum für die Kinder überschaubar ist und wenn genau geklärt ist, welcher

You will need:
- A well-organised room
- Play corners arranged in a clear manner which instantly make sense to the children
- Transparent plastic boxes
- Tidying up photos
- Play materials – quality, not quantity is what counts here!
- Lots of objects of a similar kind for sorting: buttons, stones, shells, pasta shapes

What to do
It's wise to develop a system for tidying a group room. Small children are quick to realise which objects belong together and can then tidy these up independently. However, this task is only manageable if there are not too many materials in the room, and if each object has a clearly defined home. By sticking tidying up photos onto shelves or the outside of boxes or baskets, you can help children see where things live.

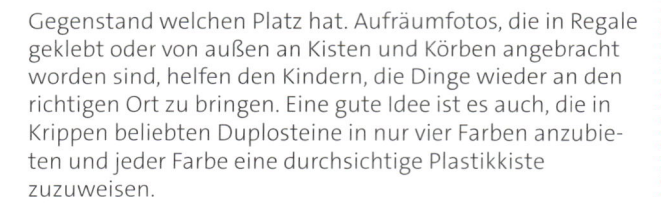

Gegenstand welchen Platz hat. Aufräumfotos, die in Regale geklebt oder von außen an Kisten und Körben angebracht worden sind, helfen den Kindern, die Dinge wieder an den richtigen Ort zu bringen. Eine gute Idee ist es auch, die in Krippen beliebten Duplosteine in nur vier Farben anzubieten und jeder Farbe eine durchsichtige Plastikkiste zuzuweisen.

It's also a good idea to offer children duplo building blocks in only four colours, each of which lives in a different transparent box.

Die 7 wichtigsten Dinge, die Erzieherinnen über die Kinder erfahren, wenn sie das Spielen beobachten:
1. Welche Spielschemen die Kinder gerade ausführen
2. Welchen Entwicklungsstand ihre motorischen Fähigkeiten erreicht haben
3. Wo die Kinder in der Sprachentwicklung stehen
4. Welche sozialen Fähigkeiten sie entwickeln
5. Welche Vorlieben und Interessen sie haben
6. Ob der Raum sinnvoll eingerichtet ist
7. Ob das Material dem Alter der Kinder entspricht

The 7 key things which a nursery nurse learns by watching a child play:
1. Which type of game the child is playing
2. How advanced the child's motor skills are
3. How advanced the child's language skills are
4. Which social skills the child is developing
5. Which preferences and interests the child has
6. Whether the room is organised in a meaningful manner
7. Whether the material is suitable for the child's age group

Alter *age 1–3*

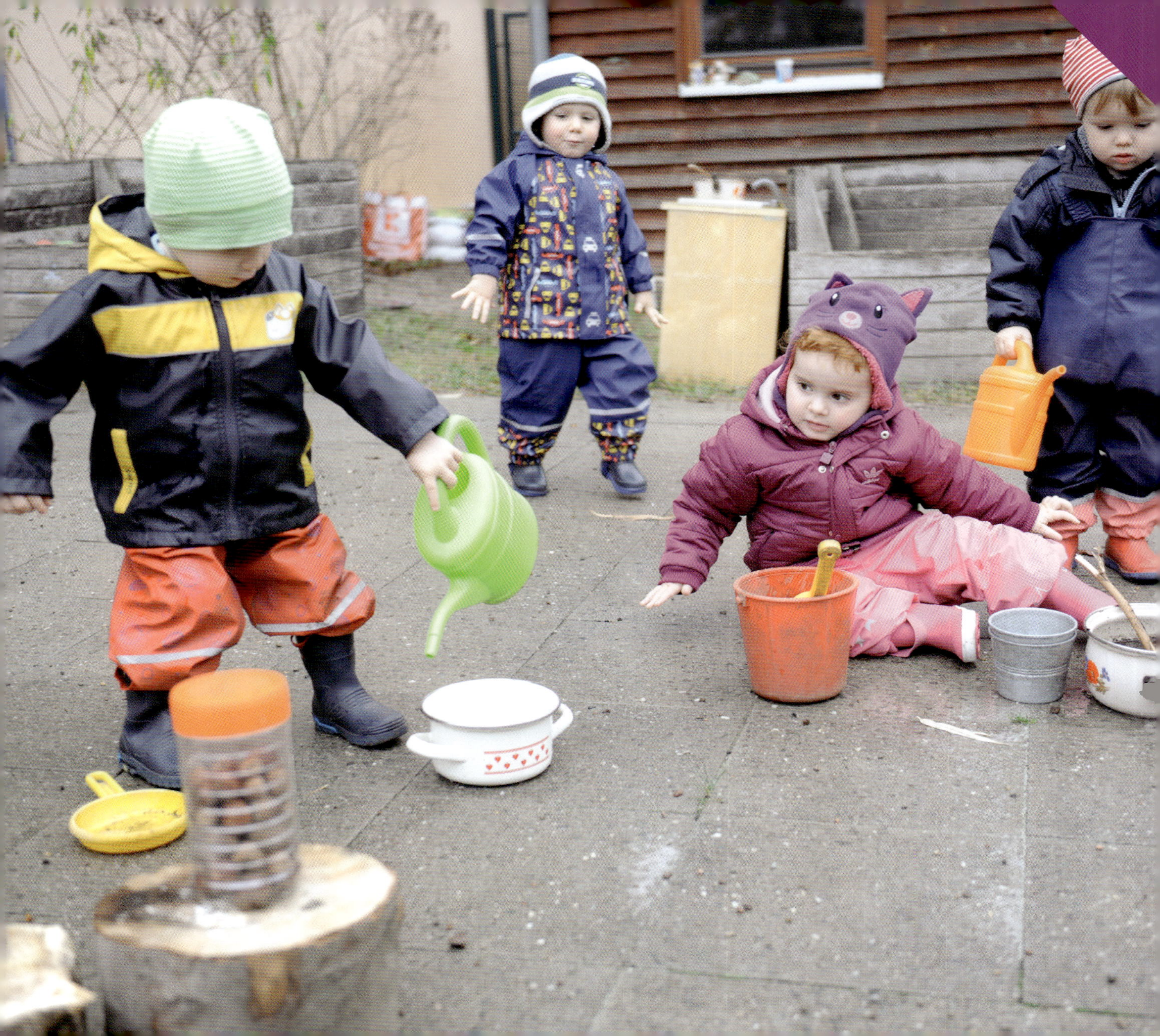

Aufenthalt im Freien
Outdoor time

Das brauchen die Kinder
- Eine für sie überschaubare, abgegrenzte Fläche
- Büsche zum Verstecken
- Dinge zum Spielen wie Äste und Steine
- Kochtöpfe, Schüsseln, alte Zinkwannen, Topfdeckel, Schöpfkellen (möglichst aus Metall und groß)
- Möglichkeiten zum Sortieren von Naturmaterialien

What children need
- *An enclosed area, not too large*
- *Bushes for hiding behind*
- *Things to play with, e.g., branches and stones*
- *Pots, keys, old tin baths, pan lids, large metal ladles*
- *Opportunities for sorting natural materials*

„Hauptsache, die Kinder sind jeden Tag an der frischen Luft", denken viele Eltern. Sie machen daran die Qualität einer Krippe fest. Diese Haltung ist aus früheren Zeiten überliefert, in denen die Raumluft schlecht war, Kinder an Vitamin D-Mangel litten und dunkle, häufig feuchte Wohnungen ihre Gesundheit gefährdeten. Heute sind die Gründe für das Spielen im Freien sicher andere. Denn die Natur bietet einen quasi unendlichen Erfahrungsraum, der besonders kleinen Kindern zugute kommt. Mit Steinen und Stöckchen lassen sich alle Elementaren Spielhandlungen ausführen. Wasser findet sich in Pfützen und Rinnsalen und bietet fantastische Spielanregungen. Freiflächen für Kinderkrippen sollten den Bedürfnissen der Kinder entsprechend gestaltet sein.

So gelingt's
Die Erzieherin weiß, dass der Garten eine Fülle an Lernmöglichkeiten bietet und deshalb einen wichtigen Teil der Bildungsarbeit darstellt. Durch staunendes Nachfragen ermuntert sie die Kinder, Insekten und Schnecken, Erde und Steine, Äste und Blätter, Pfützen und Bäche gemeinsam zu erforschen. Aufmerksam verfolgt sie das Spiel der Kinder

Lots of parents think that the main thing is for children to get fresh air every day, and judge the quality of a day nursery by this criteria alone. This concern is a relic from the days when the quality of indoor air was bad, when children suffered from vitamin D deficiency, and when damp homes posed a threat to health. Nowadays, there are other reasons for playing outside. Mother Nature offers a sheer endless array of experiences from which small children can benefit enormously. With nothing more than stones and sticks, a child can perform all elementary play actions. Water can be found in puddles and rivulets, offering fantastic opportunities for play. Outdoor areas in day nurseries should cater to the needs of the children.

How to get it right
Nursery nurses know how much a child can learn outdoors, and that outdoor play is thus an important part of educational work. By joining in and asking questions, the nursery nurse can encourage the children to investigate insects and snails, soil and stones, branches and leaves, puddles and streams. Following the children's games attentively, she can take photographs to document their progress.

und hält dabei eine Kamera zum Dokumentieren von wichtigen Lernschritten bereit.

Darauf achten
- Krippenkinder lieben es sich zu verstecken. Deshalb sollte auf der Freifläche ein abgegrenzter Bereich für die Krippenkinder geschaffen werden, der von Erzieherinnen gut überblickt werden kann.
- Bevor die Kinder auf die Freifläche gehen, sollte immer ein Kontrollgang gemacht werden, um Pilze, über den Zaun geworfene Zigarettenstummel und anderen Müll zu entfernen.
- Naturmaterial entspricht keiner Spielzeugnorm. Behalten Sie deshalb die Kinder beim Spielen mit diesen Materialien immer im Auge.

Überblick
Es ist wichtig, sich Gedanken über den besten Ort zur Aufstellung einer Sitzbank zu machen. Von der Bank aus sollte die Erzieherin einen guten Überblick haben: Wer macht gerade wo was?

Overview
Think carefully about where best to position a bench so that the nursery nurses can sit and keep an eye on everything. Who is doing what, and where?

Note:
- *toddlers love hiding. For this reason, demarcate an outdoor area especially for toddlers in which the nursery nurses can see everything.*
- *Before allowing children to go outside, a nursery nurse should walk round the outdoor area and check for mushrooms and cigarette stumps or other rubbish that may have been thrown over the fence.*
- *Natural materials do not comply with official safety regulations! Hence you should always keep a close eye on children when they play with such materials.*

Aufenthalt im Freien *Outdoor time*

Fühlstrecke
Sensory path

Alter age 1–3

Das wird gebraucht
Große Äste und verschiedene Füllmaterialien wie Kiefernzapfen, Kieselsteine, Stroh, trockene Blätter oder Gras

So geht's
Mit Hilfe von großen Ästen wird eine lange rechteckige Fläche eingegrenzt. Diese wird unterteilt. Die so entstandenen Felder werden mit unterschiedlichen Materialien gefüllt: feiner und grober Kies, kleine Kiefernzapfen, Holzstückchen und weicher Sand. Im Sommer laufen die Kinder barfuß über diese Strecke. In den kühleren Jahreszeiten regt die Strecke zum Ordnen und Sortieren von Materialien an.

Wichtig
Genau hinsehen und Splitterstellen glatt schleifen! Die gewählten Kieselsteine sollten keine spitzen Ecken und Kanten haben und im Durchmesser größer als 5 cm sein.

You will need:
Large branches and various materials such as pine cones, gravel, straw, dry leaves or grass

What to do
First demarcate an elongated rectangle using the large branches. Now subdivide this into sections. Fill each of the squares thus formed with different materials: coarse gravel, finer gravel, small pine cones, wood chippings and soft sand. In summer, children can run over the sensory path barefoot. In cooler weather, they can play sorting games with the materials.

Important
Watch carefully and remove any splintered pieces! Make sure the gravel used does not have sharp edges, and is not larger than 5 cm diameter.

Aufenthalt im Freien *Outdoor time*

Matsch-Parcours
Mud course

Alter *age 1–3*

Das wird gebraucht
- Fünf große, flache Plastikschalen
- Wasser
- Sand
- Ton
- Blumenerde
- Speisestärke
- Kleine Eimer, Kannen, Becher, Schöpflöffel, Siebe und Trichter

You will need:
- Five large, flat plastic boxes
- Water
- Sand
- Clay
- Potting soil
- Cornstarch
- Small buckets, jugs, beakers, ladles, sieves and funnels

109

So geht's

Matsch zieht kleine Kinder fast magisch an. Im Sommer kann ein Matsch-Parcours zum Badeerlebnis werden, im Herbst und Frühjahr kommen Matschhosen und Gummistiefel zum Einsatz. Mehrere flache Plastikschüsseln werden aneinandergereiht und mit unterschiedlichen Materialien gefüllt. Dazu wird Sand mit Wasser vermischt, Ton zu einer „Tonsuppe" angerührt, Blumenerde zu einem dunklen Brei verarbeitet und Speisestärke mit wenig Wasser zu einer festen, breiigen Masse verarbeitet. Die Kinder können durch die Materialien hindurchlaufen, sie umschütten, darin matschen oder mit Stöckchen und Steinen Landschaften bauen.

What to do

Children are magically attracted to mud. In summer, children can wallow in the mud; in autumn and winter, they can play with it wearing waterproof trousers and welly boots. Place several flat plastic bowls in a row and fill with different materials. Here, sand is mixed with water; water is added to clay to make "clay soup"; potting soil becomes a dark, muddy pulp, and cornstarch — by adding just a few drops of water — turns into a thick paste. The children can wade through the materials, tip them out, mess around with them with their hands, or build landscapes with sticks and stones.

Wichtig:

Die Schalen höchstens 5 cm hoch befüllen. Kleine Kinder können auch in sehr flachen Gewässern ertrinken, da der Kopf den Schwerpunkt des Körpers bildet und sie diesen nicht rechtzeitig anheben können. Daher dürfen die Kinder am Matsch-Parcours nur unter Aufsicht spielen.

Important:

Fill only a shallow layer (5 cm) of sand/clay/cornstarch into the bowls. Because their heads are so heavy that they are unable to raise them in time, children can drown even in very shallow water. For this reason, mud courses should only ever be used under close supervision.

Alter *age 1–3*

Aufenthalt im Freien *Outdoor time*

Kletterwelten
Climbing paradise

Alter age 1–3

Das wird gebraucht
Baumscheiben mit mindestens 30 bis 40 cm Durchmesser in unterschiedlicher Höhe

So geht's
Kleinkinder lieben es die Perspektive zu wechseln. Sie klettern auf Stühle und Sofas, sitzen in Höhlen oder in Ecken. Sie gehen dabei der Frage auf den Grund, ob die Welt sich verändert, sobald sie aus einer anderen Perspektive betrachtet wird. Im Garten kann eine Kletterwelt für Kleinkinder aus Baumstümpfen errichtet werden. Dazu werden unterschiedlich dick gesägte große Baumscheiben im Garten ausgelegt. Diese müssen im Durchmesser groß genug sein, damit sie sicher auf der Erde liegen.

Tipp:
Das Pikler-Dreieck bietet Krippenkindern die Möglichkeit zum sicheren Klettern und kann auch im Garten benutzt werden. Der weiche Rasen bietet ausreichend Fallschutz.

You will need:
Tree stumps, at least 30–40 cm in diameter, in various heights

What to do
Small children love a change of perspective. They clamber up onto chairs and sofas, or retreat into dens or corners. In this manner, they investigate how the world changes when seen from a different perspective. Outdoors, a climbing paradise can easily be created for small children by setting up a row of tree stumps in different heights. The tree stumps should be wide enough not to topple over.

Tip:
Pikler triangles can also be used outdoors. These are safe structures on which young children can practice climbing. The risk of injury is lower if children fall onto grass!

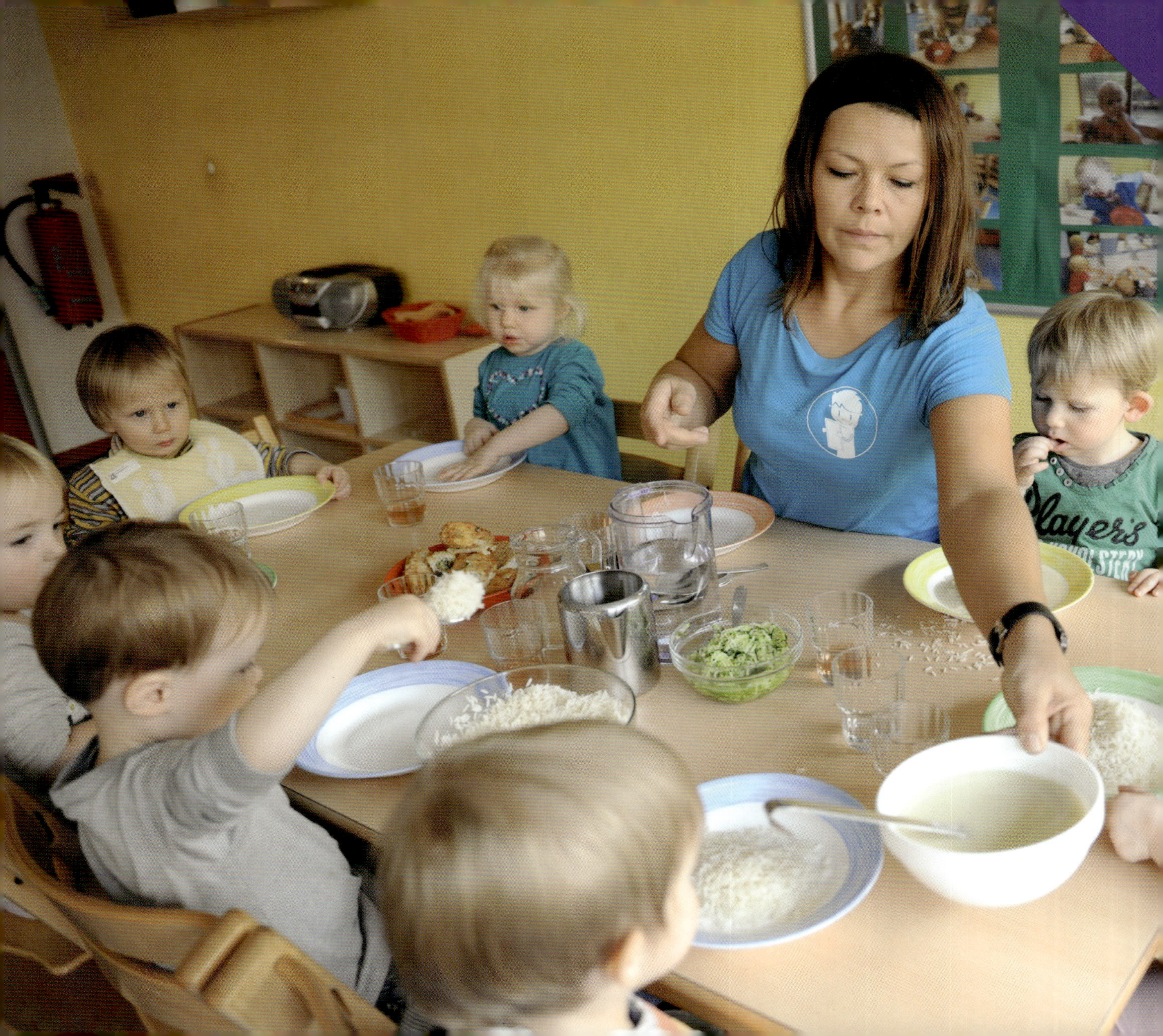
Player's

Mittag

Lunch

Das brauchen die Kinder
- Für jede Gruppe einen Tisch, auf dem die Mahlzeit in Schüsseln bereitsteht, damit jedes Kind sich selbst bedienen kann.
- Einen Speiseplan, der dem Alter der Kinder entspricht. Kleine Kinder mögen meist keine vermischten Speisen.
- Essgeschirr, welches ihre motorischen Fähigkeiten unterstützt. Daher bekommen Kleinkinder die Suppe in hohen Schalen serviert, solange sie noch nicht in der Lage sind, Flüssigkeiten mit dem Löffel aufzunehmen.
- Gute Gespräche am Tisch, z. B. darüber, welche Bezeichnungen die Lebensmittel haben, die gegessen werden.

What children need
- One table per group, with the meal served in large dishes in the centre of the table so that children can help themselves.
- A menu which caters to the age group in question – young children do not like their food to be mixed up!
- Tableware which is adapted to their level of fine motor skills. Soup, for example, should be served in high-rimmed bowls if the child is not yet able to scoop up liquids with a spoon.
- Good table conversations, e.g., about the foods currently on the table.

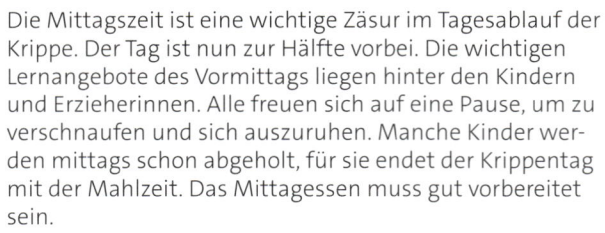

Die Mittagszeit ist eine wichtige Zäsur im Tagesablauf der Krippe. Der Tag ist nun zur Hälfte vorbei. Die wichtigen Lernangebote des Vormittags liegen hinter den Kindern und Erzieherinnen. Alle freuen sich auf eine Pause, um zu verschnaufen und sich auszuruhen. Manche Kinder werden mittags schon abgeholt, für sie endet der Krippentag mit der Mahlzeit. Das Mittagessen muss gut vorbereitet sein.

So gelingt's
Eine gute Mittagsmahlzeit bietet den Kindern die Möglichkeit, sich in der Gruppe zu versammeln und gemeinsam mit den anderen in Ruhe zu essen. Kleinkinder sind noch sehr von ihren Bedürfnissen gesteuert. Ihr Entwicklungsstand lässt es noch nicht zu, dass sie Bedürfnisse aufschieben und Körperfunktionen kontrollieren können. Daher ist es die Aufgabe der Erzieherin, die Kinder achtsam zu beobachten und ihren Bedürfnissen zuvorzukommen. Eine gut vorbereitete Mahlzeit zum richtigen Zeitpunkt vermeidet weinende Kinder am Tisch, oder noch schlimmer, dass die Kinder mit dem Kopf im Teller einschlafen.

Die Mittagszeit ist eine wichtige Zäsur im Tagesablauf der Krippe. Der Tag ist nun zur Hälfte vorbei. Die wichtigen Lernangebote des Vormittags liegen hinter den Kindern und Erzieherinnen. Alle freuen sich auf eine Pause, um zu verschnaufen und sich auszuruhen. Manche Kinder werden mittags schon abgeholt, für sie endet der Krippentag mit der Mahlzeit. Das Mittagessen muss gut vorbereitet sein.

How to get it right
A good meal gives children the opportunity to collect as a group and eat in peace together with the other children. Toddlers are still very driven by their needs. Their level of development does not allow them to postpone their needs or control their bodily functions. For this reason, nursery nurses should observe the children closely and anticipate their needs. By preparing the meal carefully and ensuring it is ready at the right moment, you can avoid tears at the table or – even worse – children falling asleep with their faces in their plates.

Darauf achten
- Die Erzieherin sitzt mit den Kindern am Tisch und isst mit ihnen gemeinsam. Sie lobt dabei das Essen und motiviert die Kinder so, die Speisen zu probieren.
- Ab der Mitte des zweiten Lebensjahres sind die Kinder bereit, Ämter und kleine Dienste für die soziale Gemeinschaft auszuführen, zum Beispiel Blumengießen, Tischdecken bzw. den Tisch abwischen. Die Kinder sollten dabei aber von der Erzieherin begleitet werden.

Tischsprüche
Tischsprüche festigen die soziale Gemeinschaft, da jeder aus der Gruppe diesen Spruch kennt und weiß, zu welchem Anlass der Spruch aufgesagt wird. Zudem befriedigen sie die Lust der kleinen Kinder an Reimen und stellen ein ebenso einfaches wie effektives Ritual dar, um die Mittagsmahlzeit einzuleiten.

Table rhymes
Table rhymes strengthen the sense of community, because everyone at the table knows the rhymes and when to say them. Not only do children enjoying saying rhymes, but they're also an effective way to ritually begin each meal.

Note:
- *The nursery nurse should sit at the table and eat with the children. She should say how good the meal tastes, and encourage the children to try the different foods.*
- *By around the age of 18 months, children are prepared to perform small duties and services for others in the community – watering plants, laying the table or wiping it clean after the meal, for example. In performing such tasks, the child should always be supported by a nursery nurse.*

Mittag *Lunch*

Speiseplankorb
Menu basket

Alter *age 2–3*

Das wird gebraucht
- Eine Magnetwand
- Laminierte Bildchen von Lebensmitteln, die mit einem Magneten versehen sind. Es ist ganz einfach, diese entweder selber zu fotografieren und auszudrucken oder aus Zeitungen auszuschneiden.

So geht's
Die Kinder sitzen im Kreis um die Erzieherin herum. Die Erzieherin hält einen Korb in der Hand, in dem laminierte und mit Magneten versehene Bilder liegen. Auf den Bildern sind verschiedene Lebensmittel abgebildet. Die Erzieherin hebt ein Bild hoch und sagt: „Das gibt es heute zum Mittag. Was ist das?" Die Kinder antworten: „Kartoffel!" Das Bild der Kartoffel wird an die Magnettafel geheftet. Dann zeigt die Erzieherin ein weiteres Bild, auf dem Erbsen zu sehen sind. Die Kinder benennen dieses Lebensmittel, und zum Schluss sind alle Komponenten der Mittagsmahlzeit an der Magnetwand. Nun geht die Gruppe zum Händewaschen und setzt sich danach an den Tisch.

Wichtig:
Nur die Bildchen in den Korb legen, die zum Speiseplan des Tages passen. Sonst entsteht unnötige Verwirrung.

You will need:
- *A magnetic board*
- *Laminated pictures of different foods, each with a magnet attached to the rear side You can either take your own photos of foods, or cut these out of magazines or newspapers.*

What to do
The children sit in a circle with the nursery nurse. The nursery nurse holds in one hand a basket containing laminated pictures with magnets on the back. These depict various foods. The nursery nurse holds up a picture and says "This is what we'll be having for lunch today. What is it?" The children respond by calling out "Potatoes!" The nursery nurse now sticks the potato picture up on the magnetic board. Next she holds up a photo of peas. Once the children have named this food, it joins the potato picture on the magnetic board, until finally the entire meal is depicted. The children now go to wash their hands and sit up at the table.

Important:
To avoid unneccessary confusion, make sure the basket only contains pictures of foods on the menu for that day!

Mittag *Lunch*

Lebensmittelkarten
Food cards

Alter *age 2–3*

Das wird gebraucht
Karten in Größe A5 und Bilder von Lebensmitteln in rohem und gekochtem Zustand. Es ist ganz einfach, diese entweder selber zu fotografieren und auszudrucken oder aus Zeitungen auszuschneiden.

So geht's
Die Erzieherin hat Karten gebastelt. Jede Karte ist in der Mitte geteilt. Auf dem oberen Teil der Karte ist ein Lebensmittel im rohen Zustand und auf dem unteren im gekochten Zustand zu sehen. Vor dem Essen werden die Karten, die zu den heute auf dem Speiseplan stehenden Lebensmitteln passen, gemeinsam angesehen. Die Kinder benennen die Namen der Lebensmittel und unterhalten sich darüber, wie diese zubereitet werden.

Tipp:
Zu den Karten können echte Lebensmittel präsentiert und untersucht werden: Gibt es gekochte Möhren zum Mittag, ist es sinnvoll, den Kindern eine rohe Möhre zu der Karte dazu zu zeigen. Anschließend kann die Möhre gemeinsam mit den Kindern geschält und geschnitten werden. Das Ergebnis wird dann mit den Möhren verglichen, die zum Essen auf den Tisch kommen.

You will need:
A5 pieces of card showing raw and cooked foods. You can either take your own photos of foods, or cut these out of magazines or newspapers.

What to do
The nursery nurse prepares the cards. Each card is divided in the middle. The top half shows the food in its raw state; the lower half shows the same food once cooked. Before the meal, the children and the nursery nurse look together at the cards showing the foods they are about to eat. The children name the different foods and talk about how these are cooked.

Tip:
Together with the cards, you could also show the children real foods and allow them to investigate these. If cooked carrots are on the menu, for example, show the children a raw carrot alongside the card. You could then peel and slice the carrot together with the children. Compare the result with the carrots on the lunch table!

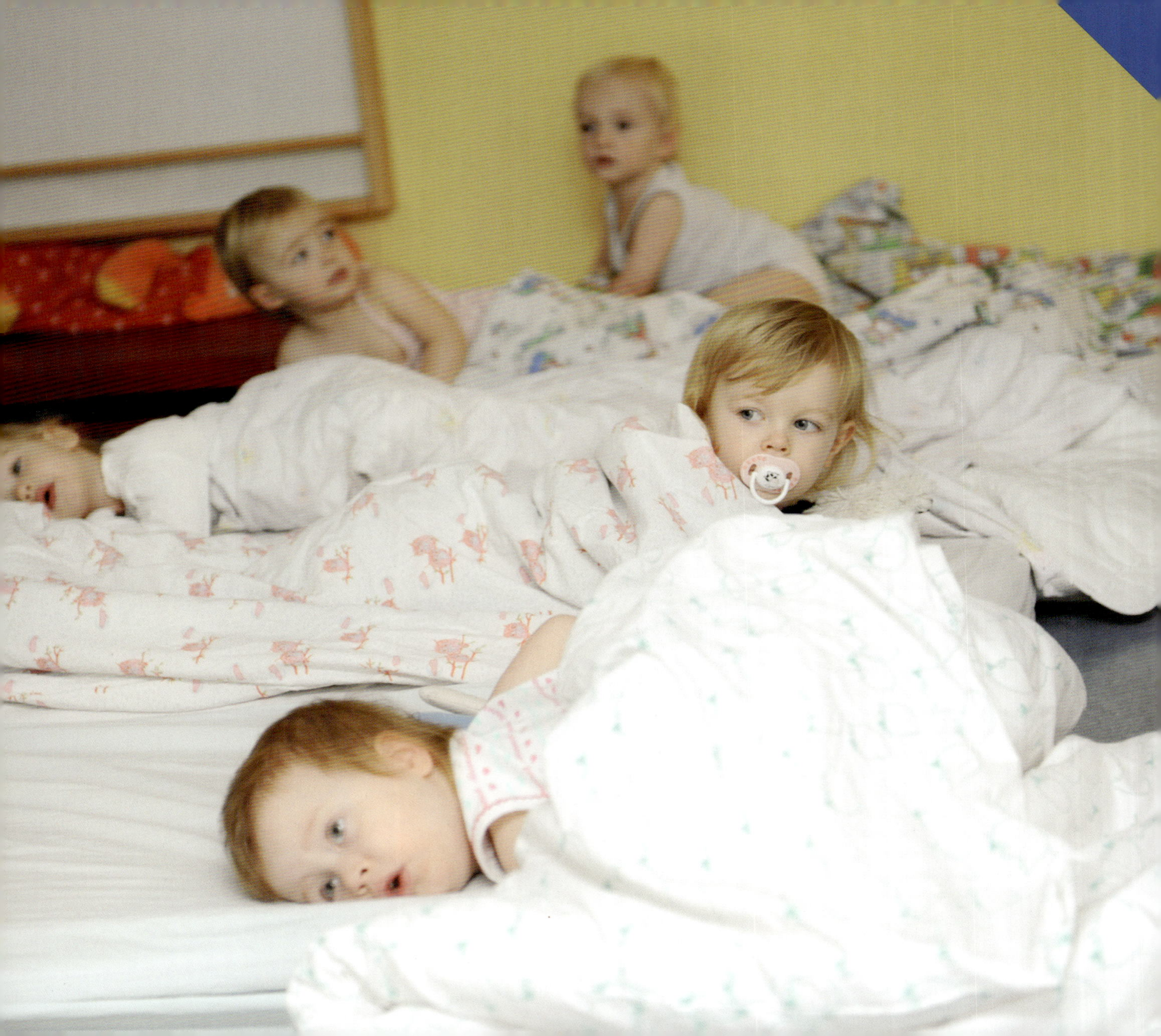

Mittagsruhe

Midday nap

Das brauchen die Kinder
- Einen gemütlichen Schlafraum, der sich abdunkeln lässt
- Einen eigenen Schlafplatz; für ganz kleine Kinder sind Schlafkörbchen sinnvoll
- Einen Platz für die Sachen der Kinder; für die Kleinen im Wickelbereich, für die größeren Kinder direkt am Bett
- Einschlafrituale
- Eine vertraute Erzieherin, die für die Kinder da ist
- Kuscheltiere, Schnuller oder Kuscheltuch

What children need
- A cosy dormitory with curtains or blinds
- A bed, or moses baskets for very small children
- A place for storing children's belongings; near the nappy-changing area for toddlers, next to the bed for older children
- Nap time rituals
- A familiar face (nursery nurse) who has time for the children
- Cuddly toys, dummy or comfort object

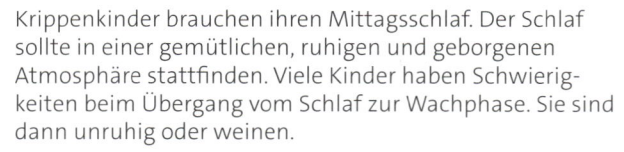

Krippenkinder brauchen ihren Mittagsschlaf. Der Schlaf sollte in einer gemütlichen, ruhigen und geborgenen Atmosphäre stattfinden. Viele Kinder haben Schwierigkeiten beim Übergang vom Schlaf zur Wachphase. Sie sind dann unruhig oder weinen.

So gelingt's
Die Erzieherin lässt die Kinder beim Aufbau der Betten mithelfen, damit sie sich allmählich auf die neue Tagesphase einstimmen können. Schnuller, Kuscheltuch und Kuscheltier sind verteilt, bevor die Erzieherin ein Schlaflied vorsingt oder eine Einschlafgeschichte vorliest. Durch beruhigende Worte und Berührungen ermöglicht es die Erzieherin, dass langsam Ruhe einkehrt. Sanft gleiten die Kinder vom Trubel in den Schlaf hinüber. Alles geschieht in dieser Tagesphase ohne Hektik, es ist ausreichend Zeit eingeplant.

Toddlers need a midday nap. They should be allowed to sleep in a cosy, peaceful and safe atmosphere. Many children struggle with the waking up phase. They become restless, or cry.

How to get it right
The nursery nurse allows the children to help make up the beds. This gives the children a chance to adjust to the coming phase. Each child is given its dummy, comfort object or cuddly toy before the nursery nurse sings a lullaby or tells a bedtime story. By speaking calmly and stroking the children gently, the nursery nurse creates a peaceful atmosphere. The children gradually fall asleep. Sufficient time should be assigned to this phase so that everything can be done without hectic.

Darauf achten
- Unruhige Kinder beruhigen, aber nicht aus der Gruppe entfernen
- Immer eine Erzieherin zur Schlafwache einteilen und auf diese Weise dafür sorgen, dass immer jemand bei den Kindern ist

Wichtig:
Schlafen ist freiwillig. Kein Kind darf gezwungen oder etwa am Kettchen fixiert werden. Zwang, Fixieren und ähnliche Maßnahmen gelten zu Recht als Kindesmisshandlung!

Important:
Sleep is voluntary. No child should be forced to sleep or tied to the bed! Force, fixation and similar measures are rightly deemed as child abuse!

Note:
- *Soothe restless children, but do not remove them from the group*
- *Always assign one nursery nurse to supervise the sleeping children so that an adult is always present in the room*

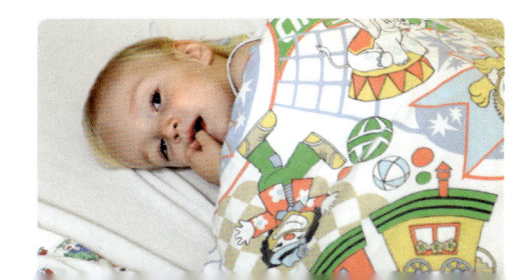

Mittagsruhe *Midday nap*

Einschlaf-Körbchen
Nap time basket

Alter *age 0–3*

Das wird gebraucht
- Karten mit dem Text der Schlaflieder, die in der Krippe üblich sind, und den Abbildungen der dazu passenden Kuscheltiere
- Die Kuscheltiere, die auf den Karten abgebildet sind
- Ein Körbchen
- Ein Tuch

So geht's
Die Erzieherin hat Karten vorbereitet. Auf der einen Seite ist jeweils der Text eines Schlafliedes, welches die Kinder kennen, aufgeschrieben. Auf der anderen Seite ist ein Kuscheltier abgebildet, das zu dem Lied passt. Ein Körbchen ist mit den physischen Kuscheltieren gefüllt, die den Karten entsprechen. Über dem Korb liegt ein Tuch. Die Erzieherin bittet ein Kind, ein Kuscheltier aus dem Korb zu ziehen ohne hinzusehen. Das Kuscheltier wird hochgehalten, dann sucht die Erzieherin die passende Karte heraus und zeigt diese den Kindern. Nun singen alle das Schlaflied.

You will need:
- *Cards with the texts of the various lullabies sung in the day nursery, and pictures of the cuddly toys required*
- *The cuddly toys depicted on the cards*
- *A basket*
- *A cloth*

What to do
The nursery nurse prepares the cards in advance. One side contains the text of a lullaby which is familiar to the children. On the other side is a picture of a cuddly toy which goes with the song. A basket is filled with the various cuddly toys as per the cards. A cloth covers the basket. The nursery nurse asks a child to extract one cuddly toy from the basket without looking. The cuddly toy is held up for all to see, and the nursery nurse then looks for the matching card and shows it to the children. All the children now sing the lullaby.

Mittagsruhe *Midday nap*

Schnuller-Tafel
Dummy board

Alter age 0–1

Das wird gebraucht
Handelsübliche Schnuller-Tafeln bestehen aus vielen kleinen Kästchen, die vorne eine Plexiglas-Scheibe haben, sodass die Schnuller zu sehen sind. Aber auch eine Schnullertafel, wie sie links auf dem Foto zu sehen ist, eignet sich gut.

So geht's
Schnuller sind aus keiner Krippe wegzudenken und stellen dennoch ein hygienisches Problem dar. Sie dürfen nicht verwechselt werden und sollten nicht so gelagert werden, dass die Schnuller der Kinder miteinander in Berührung kommen. In vielen Krippen geschieht dies mit Hilfe von Plastikdosen, die an für Kinder unzugänglichen Orten aufbewahrt werden. Eine Schnuller-Tafel hilft dabei, die Schnuller übersichtlich aufzubewahren. Sie ermöglicht es den Kindern, ihre Schnuller selbst zu holen oder wegzubringen. Das fördert bereits früh ihre Selbständigkeit.

You will need:
A conventional dummy board consists of numerous little boxes behind a sheet of acrylic glass, so that all dummies are visible.

What to do
It's impossible to imagine a day nursery without dummies; nonetheless, these can be problematic when it comes to hygiene. Dummies should not get mixed up, nor should they be stored touching each other. Most day nurseries solve this problem by using lots of see-through boxes, stored out of reach of the children. A dummy board can help to store dummies in a clearly structured manner. With the aid of a dummy board, children can fetch or return their own dummy. This helps them to become more independent.

Bastelanleitung

Eine Schnuller-Tafel lässt sich leicht selbst herstellen: Die benötigte Anzahl von Schnuller-Dosen wird auf ein Holzbrett geschraubt, dieses Brett wiederum an die Wand. Die Schnuller können in die so entstandenen Fächer gelegt werden.

Variante

Ein Brett wird mit vielen Holzstäben versehen, an welche die Schnuller gehängt werden können. Diese Arbeit könnte der Hausmeister oder ein Elternteil übernehmen.

Instructions

It's easy to make your own dummy board. Screw the required number of dummy boxes onto a wooden board and affix this to the wall. The dummies can now be placed in their own little pigeon holes.

Variations

Affix lots of wooden pegs on to a wooden board. The dummies can be hung on to the pegs. You could ask the caretaker or a parent to make the dummy board.

Alter *age 0–1*

„Ich-bin-bei-dir"-Zeit
"I'm here" time

Mittagsruhe *Midday nap*

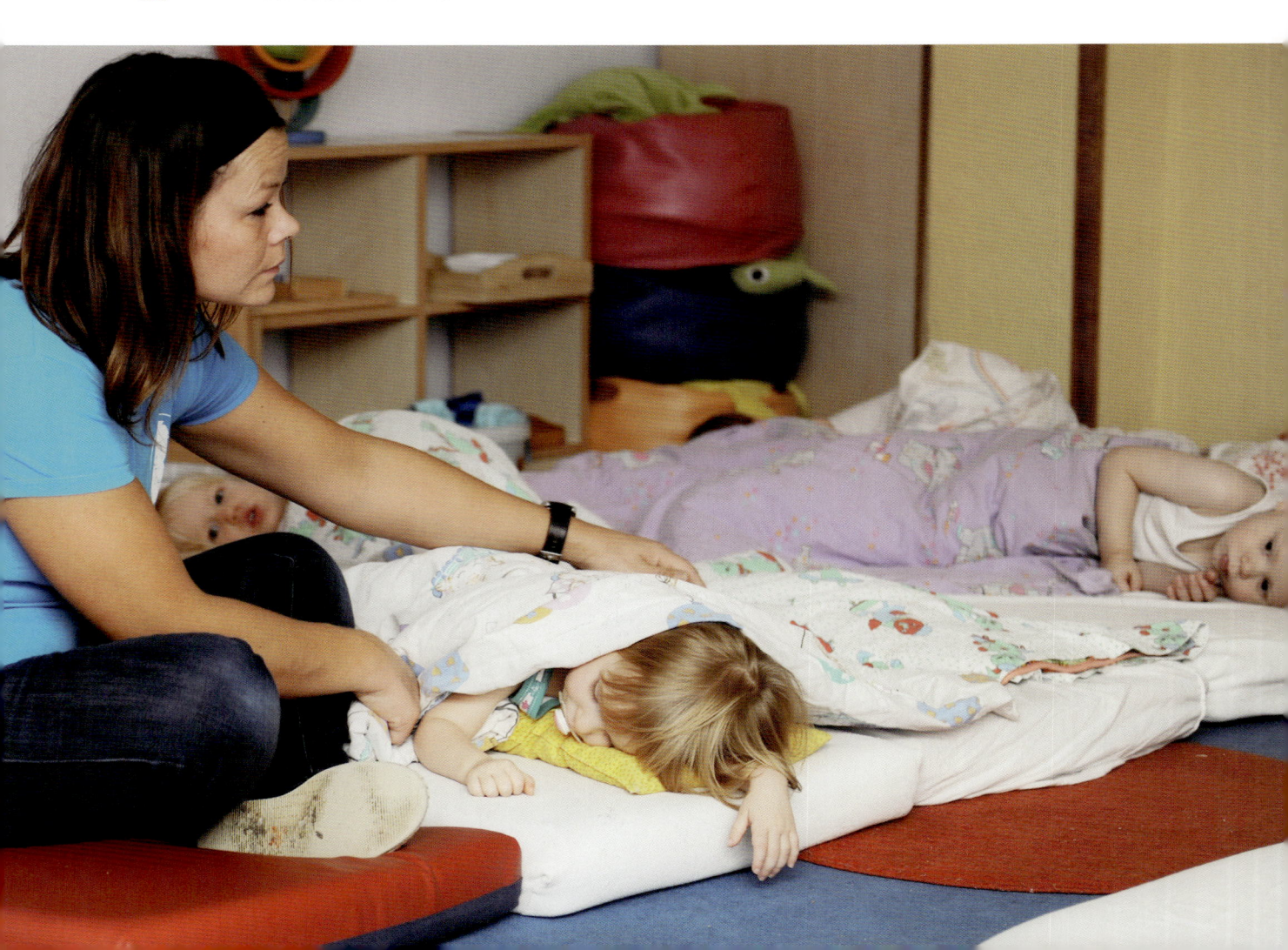

Alter *age 0–2*

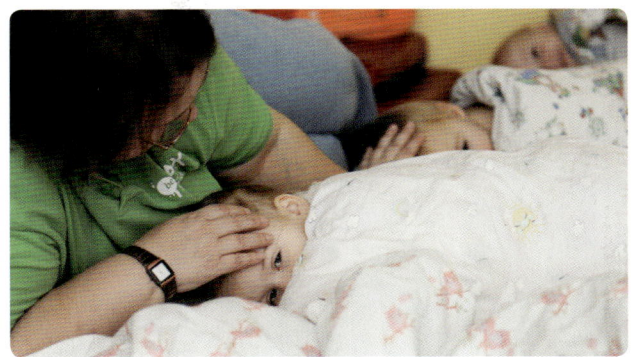

Das wird gebraucht
- Ausreichend Zeit für jedes Kind
- Der Schlafraum muss die Möglichkeit bieten, dass die Erzieherin von Schlafplatz zu Schlafplatz gehen kann

So geht's
Die Erzieherin verbringt in der Einschlafphase der Mittagsruhe bei jedem Kind einige Minuten Zeit. Sie streichelt das Kind und spricht leise mit ihm. Dieses Ritual verstärkt die Vertrautheit zwischen Kind und Erzieherin, schafft Geborgenheit und gibt dem Kind das Gefühl, als Individuum wahrgenommen zu werden.

You will need:
- *Plenty of time for each child!*
- *The dormitory should be large enough to allow the nursery nurse to walk from bed to bed.*

What to do
Whilst the children are falling asleep, the nursery nurse should spend a few minutes with each child. She strokes the child and talks to it in a soft voice. This ritual strengthens the bond between the nursery nurse and the child, gives it a sense of safety and security, and makes it feel it is being treated as an individual.

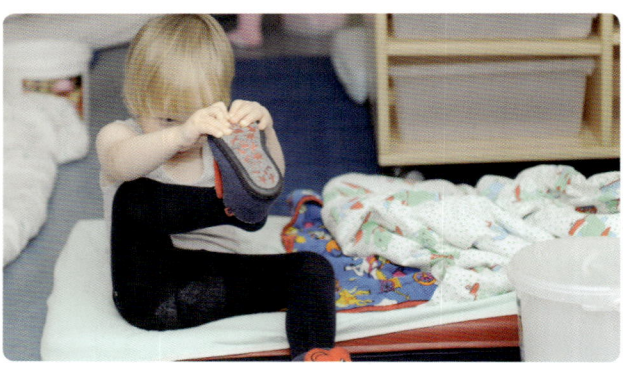

An- und Ausziehen leicht gemacht

Kleine Kinder wollen schon sehr früh selbständig sein. Auch wenn sie es noch nicht so gut können, versuchen sie immer wieder, ihre Sachen selbst an- und auszuziehen. Während der Mittagsschlafphase gibt es dazu viele Gelegenheiten. Erzieherinnen sollten deshalb ausreichend Zeit für das An- und Ausziehen einplanen. Hilfreich ist ein Eimer an jedem Schlafplatz, in dem die Sachen abgelegt werden können.

Dressing and undressing made easy

From an early age, small children want to be independent. Even though they're not very skilled at it, they keep trying to put on or take off their clothes. Midday nap time offers plenty of opportunities for practice here! Nursery nurses should thus allow sufficient time for getting dressed and undressed. Placing a bucket for clothes next to each child's bed is a good idea.

Alter *age 0–2*

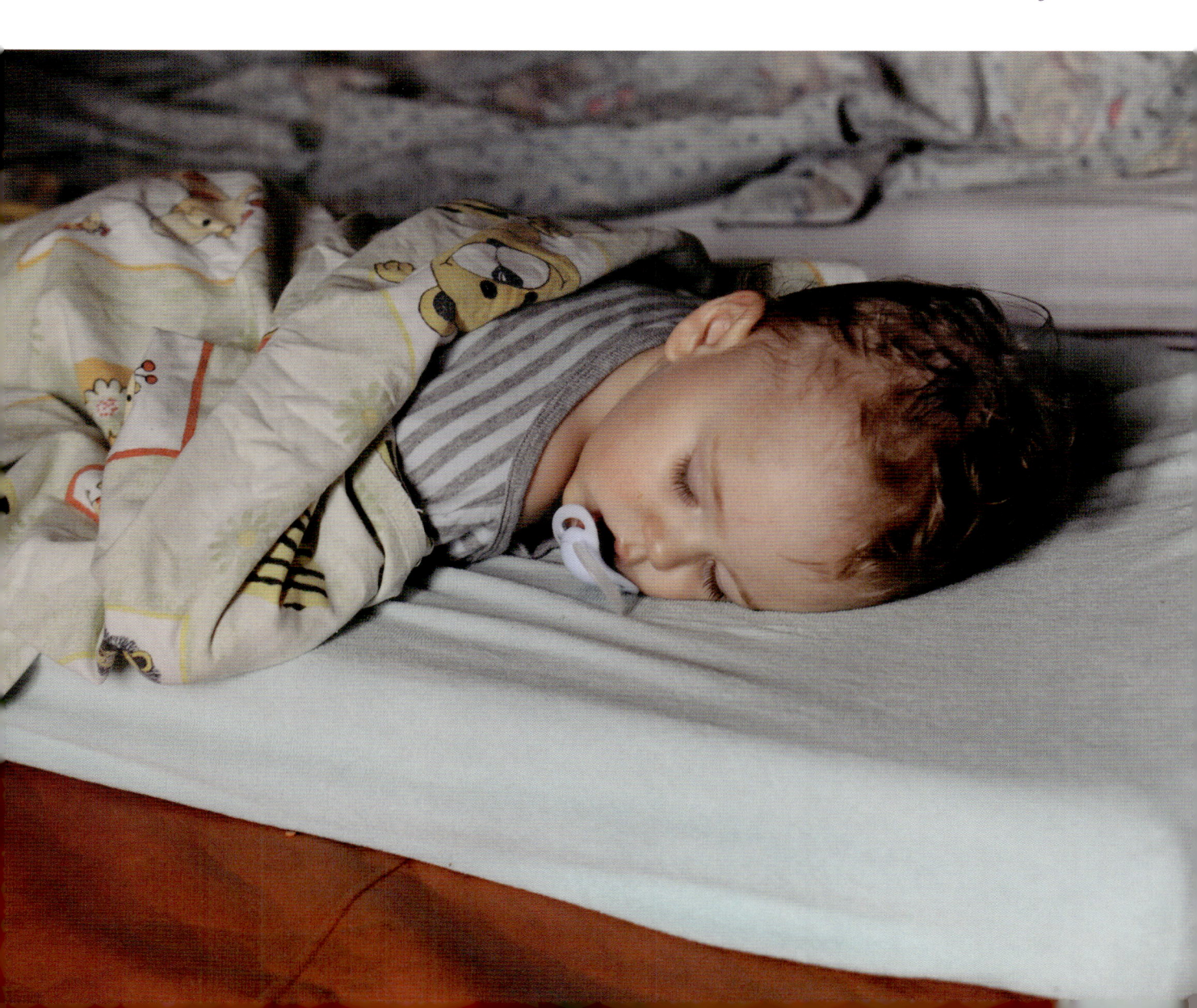

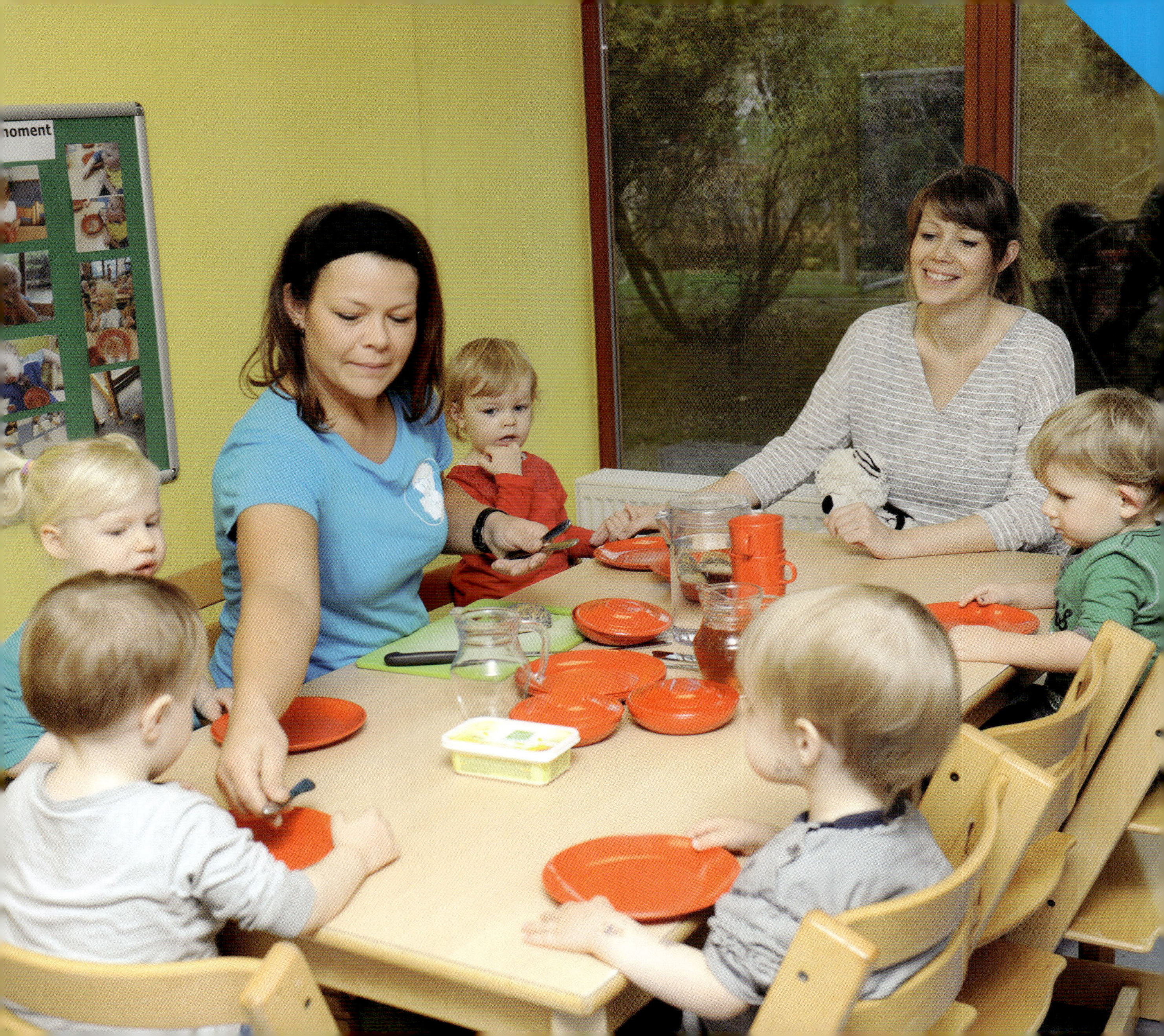
moment

Vesper

Afternoon snack

Das brauchen die Kinder
- Eine ruhige Übergangssituation
- Ihre persönlich benötigte Ausschlafzeit
- Für Frühaufsteher eine Möglichkeit sich anzuziehen und zu spielen, ohne die anderen zu stören
- Einen vorbereiteten Tisch, an dem die Gruppe gemeinsam essen kann

What children need
- A calm transition situation
- Time to sleep for as long as they require
- For children who only take a short nap: the opportunity to get dressed and play again without disturbing the others.
- A table at which the group can eat together

Nach dem Schlafen und Anziehen geht es zur Vesper. Nicht alle Kinder wachen zur selben Zeit auf. Manche sind sehr früh wach, andere schlafen ausdauernd in den Nachmittag hinein. Dies ist Ausdruck unterschiedlicher Bedürfnisse, die die Krippe stets berücksichtigen sollte. Es ist sinnvoll, mit allen Kindern gemeinsam zu vespern, und daher ist eine Übergangsphase zwischen den Tagesphasen Schlaf und Vesper sehr sinnvoll.

So gelingt's
Eine gute Vorbereitung erleichtert den Erzieherinnen in dieser Tagesphase die pädagogische Arbeit und sorgt zugleich für eine entspannte Atmosphäre. Vorher hat sich das pädagogische Team darüber verständigt, welche Tätigkeiten besser vorab erledigt werden können. Der Dienst wurde vorausschauend eingeteilt, sodass die Erzieherin, welche die Kinder schlafen gelegt hat, nun auch wieder mit ihnen aufsteht. Der Nebenraum wurde zum Spielen für die Frühaufsteher vorbereitet. Natürlich gibt es ein Getränkebüffet mit Wasser und Tee, an dem sich die Kinder selbst bedienen können.

After the midday nap, the children get dressed again and eat a snack. Children don't all wake up at the same time. Some wake up after just a short doze; others sleep well into the afternoon. This is an expression of how much sleep each individual child needs, and is something for which the day nursery should make allowances. As it is a good idea to let the children eat their afternoon snack together, you will need to allow for a transitional phase between the midday nap and the afternoon snack.

How to get it right
Nursery nurses will find life easier, and also succeed in creating a relaxing atmosphere, if they prepare properly for this phase of the day. First the team should decide in advance who is responsible for completing which tasks. Tasks should be assigned with foresight, such that the nursery nurse who puts the children down for their naps is also there when they wake up again. Whilst the children take their nap, the side room can be prepared so that those who wake up early can play. A drinks table should be prepared with water and herbal teas for children to help themselves.

Darauf achten
- Mit der Gruppe gemeinsam zur Vesper gehen
- Die Kinder darauf einstimmen, dass es nach dem Schlafen und Händewaschen zur Vesper geht

Selbständigkeit beim Essen
Kinder haben ein Bedürfnis danach, die Dinge selbst zu tun, die sie bei Erwachsenen beobachten. Sie wollen selbständig am Essen teilnehmen. Dazu gehört: selber auftun, selber eingießen, selber ein Brot schmieren.

Independence at the table
Children feel the urge to copy the actions they see adults performing. They want to feed themselves at meal times. This includes opening packets and jars, pouring their own drinks, spreading their own bread.

Note:
- *Children should sit down for their afternoon snack as a group.*
- *They should know that after their nap and washing hands, there will be an afternoon snack.*

Vesper *Afternoon snack*

Buffet
Buffet style

Alter *age 2—3*

Das wird gebraucht
- Tische und Stühle, an die sich die Kinder selbständig setzen können
- Eine Erzieherin, die den Vesperraum betreut und die Mahlzeit begleitet

So geht's
Die schwierig zu planende Übergangszeit zwischen Schlaf- und Vesperzeit kann ein Buffet notwendig machen. Auf einem niedrigen Tisch werden fertig bestrichene Brote angeboten. Die Kinder nehmen sich einen Teller, suchen sich ein Brot aus, legen dieses auf den Teller und gehen damit zum Tisch.

Tipp:
Zu jedem Teller, auf dem die bereits geschmierten Brote bereitliegen, entweder das Glas mit dem verwendeten Aufstrich stellen, oder ein Bild davon aufstellen. So können die Kinder besser sehen, was auf dem Brot ist und einschätzen, ob sie es mögen.

You will need:
- *Tables and chairs at which the children can sit themselves without help*
- *A nursery nurse to supervise the afternoon snack*

What to do
As the transition phase between the midday nap and the afternoon snack can be difficult, it may be wise to prepare a buffet-style snack. Place a plate of sandwiches on a low table. The children can them take themselves a plate, select a sandwich, place this on the plate and take it to their table.

Tip:
Next to each plate of sandwiches on the buffet, place a picture of the filling. This shows children what is inside the sandwiches and helps them decide which might appeal to them.

?!

Vesper *Afternoon snack*

Elternvesper
Afternoon snack with parents

Alter *age 1–3*

Das wird gebraucht
- Eine Einigung mit den Eltern über die Kostenbeteiligung an der Elternvesper
- Regeln zur Benutzung der Cafeteria

So geht's
In Krippen, die schon am Nachmittag schließen, ist die Vesper häufig die letzte Aktivität des Tages. Es kann also sinnvoll sein, die Vesper länger auszudehnen und die Eltern mit einzubeziehen. Dafür ist es hilfreich, ein Buffet aufzubauen, welches Eltern und Kinder gleichermaßen anspricht. Die Eltern, die ihre Kinder abholen, können noch ein wenig bleiben und gemeinsam mit dem Kind die Vesper einnehmen.

You will need:
- *A cost-sharing agreement with parents for the afternoon snack*
- *Rules for using the cafeteria*

What to do
In day nurseries which close in the afternoon, the afternoon snack is frequently the last activity of the day. Hence it can be a good idea to extend this phase to include parents. For this purpose, a buffet which appeals to both parents and children in equal measure is ideal. When parents arrive to pick up their offspring, they can stay for awhile and enjoy an afternoon snack together with their children.

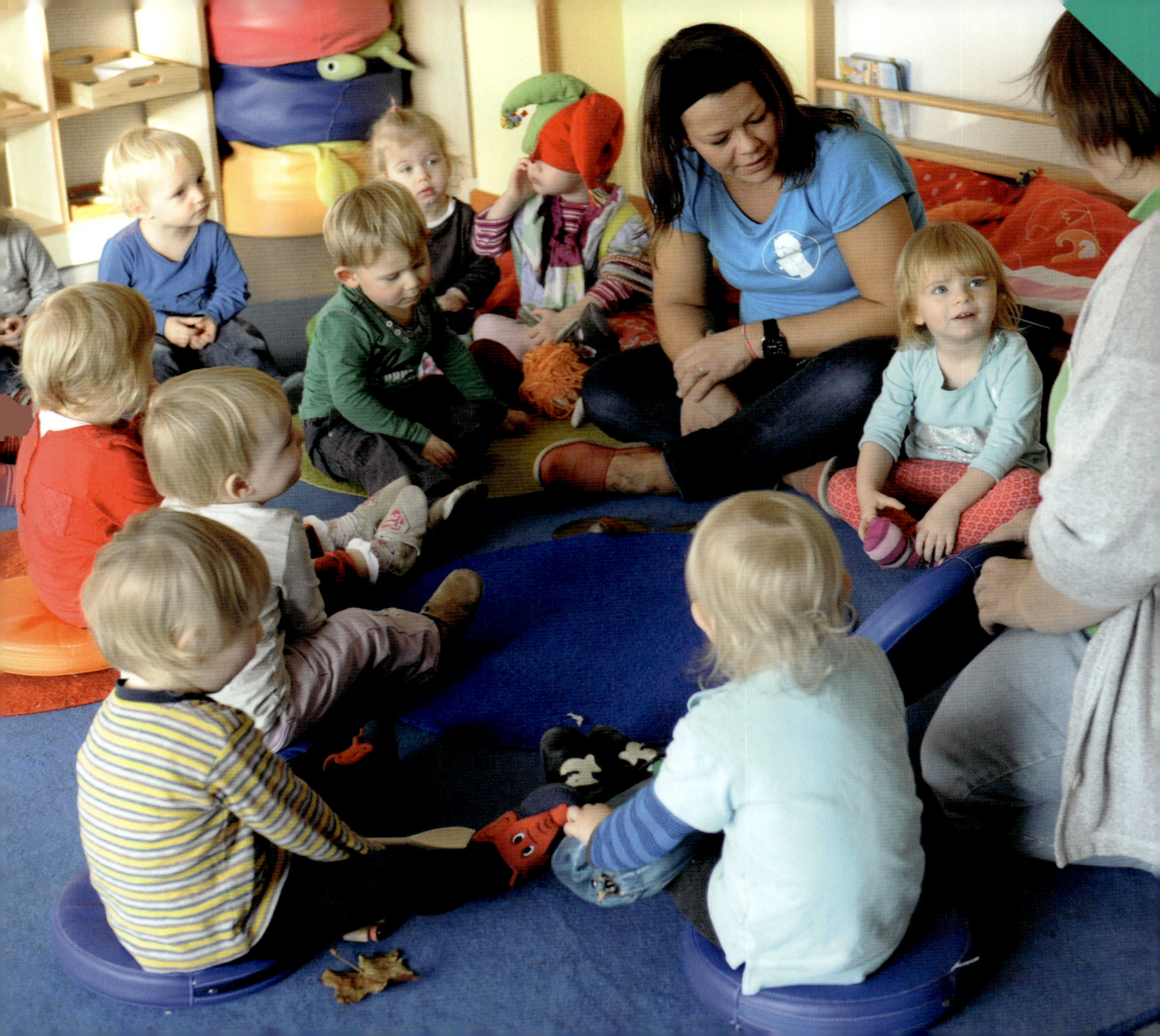

Abschlusskreis

Afternoon circle time

Das brauchen die Kinder
- Bequeme Sitzkissen
- Eine ruhige Atmosphäre
- Achtsames Zuhören

What children need
- *Comfortable cushions*
- *A calm atmosphere*
- *Attentive ears*

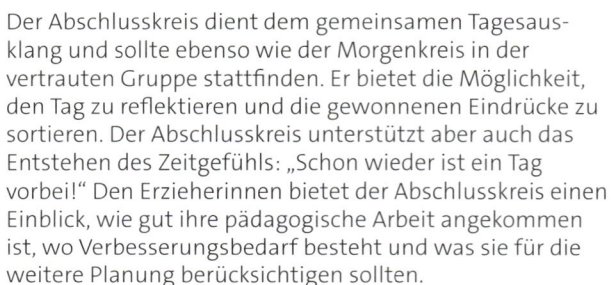

Der Abschlusskreis dient dem gemeinsamen Tagesausklang und sollte ebenso wie der Morgenkreis in der vertrauten Gruppe stattfinden. Er bietet die Möglichkeit, den Tag zu reflektieren und die gewonnenen Eindrücke zu sortieren. Der Abschlusskreis unterstützt aber auch das Entstehen des Zeitgefühls: „Schon wieder ist ein Tag vorbei!" Den Erzieherinnen bietet der Abschlusskreis einen Einblick, wie gut ihre pädagogische Arbeit angekommen ist, wo Verbesserungsbedarf besteht und was sie für die weitere Planung berücksichtigen sollten.

So gelingt's
Zur Reflexion setzen sich die Erzieherinnen mit den Kindern in einer ruhigen Atmosphäre zusammen, machen es sich auf Sitzkissen gemütlich und hören einander zu. Wir empfehlen, sich auf zwei Themen für den Abschlusskreis zu verständigen:
- Das haben wir heute gemacht und wie war's?
- Das machen wir morgen

Afternoon circle time serves to end the day together. Like morning circle time, it should take place within the familiar group setting. This circle time offers an opportunity for reflecting on and processing the events of the day. It also helps children develop a feeling for the passing of time – another day is over! For nursery nurses, the afternoon circle time offers insights into the success of their educational work, shows where there is room for improvement and hints at things which need to be taken into account in future planning.

How to get it right
To reflect on the day, the nursery nurses and the children settle down comfortably on cushions in a calm atmosphere, and spend time listening to each other.
We recommend restricting yourself to two themes for afternoon circle time:
- *This is what we did today and how was it?*
- *This is what we'll be doing tomorrow...*

Darauf achten
- Der Abschlusskreis findet ebenso wie der Morgenkreis an einem festgelegten Platz statt, sodass nicht jeden Tag der Ort gewechselt oder Tische und Stühle weggeräumt werden müssen.
- Die im Kreis ausgelegten Kissen signalisieren den Kindern: „Hier ist dein Platz, wir wenden uns jetzt einander zu."

. . . .

Note:
- *As with morning circle time, afternoon circle time ritually happens in the same place every day, without having to clear tables and chairs out of the way first.*
- *The cushions, placed in a circle, are signalise to the children – "Here is your place – we want to spend time together."*

147

Abschlusskreis *Afternoon circle time*

Wie war's?
How was it?

Alter *age 2—3*

Das wird gebraucht
- Eine Fototafel

So geht's
Die Erzieherin präsentiert eine Foto-Tafel, auf dem jedes Kind zu sehen ist. Die Kinder werden von der Erzieherin ermuntert, sich zu ihrem Foto zu äußern und zu erläutern, was dort zu sehen ist.

You will need:
- *A photo board*

What to do
The nursery nurse shows a photo board featuring all of the children. She then encourages each child to voice their opinion of their own picture and describe what they are doing in the photo.

Abschlusskreis *Afternoon circle time*

Das haben wir heute gemacht
This is what we did today

Alter *age 2–3*

Das wird gebraucht
- Fotos, auf denen die wichtigsten Ereignisse des Tages und die unterschiedlichen Aktivitäten der Kinder zu sehen sind
- Ein Tablet oder Computer, auf dem die App „Pic Collage" installiert ist

So geht's
Im Rahmen des Abschlusskreises können die Fotos von den wichtigsten Situationen und schönsten Erlebnissen des Tages beispielsweise mit Hilfe der App „Pic Collage" ganz einfach zu einer Fotocollage angeordnet werden. Ebenso kann gemeinsam mit den Kindern ein Thementisch gestaltet werden.

You will need:
- *Photos showing the major events of the day and the different activities in which the children were involved*
- *A tablet or laptop with the "pic collage" app*

What to do
During afternoon circle time, you can show photos of the key situations and best experiences of the day. For this, you could use pic collage to create a photo collage. Alternatively, you could create a themed table together with the children.

Abschlusskreis *Afternoon circle time*

Das machen wir morgen
This is what we'll be doing tomorrow

Alter *age 2–3*

Das wird gebraucht
- Eine Morgenkreistafel

So geht's
Die Erzieherin bereitet gemeinsam mit den Kindern die Morgenkreistafel für den nächsten Tag vor. Die Kinder können einen kleinen Vorgeschmack bekommen, welche Aktivitäten am nächsten Tag in der Krippe auf sie warten.

You will need:
- *A morning circle time board*

What to do
Together with the children, the nursery nurse prepares the morning circle time board for the following day. This gives the children a quick taster of what activities await them the following day in the nursery.

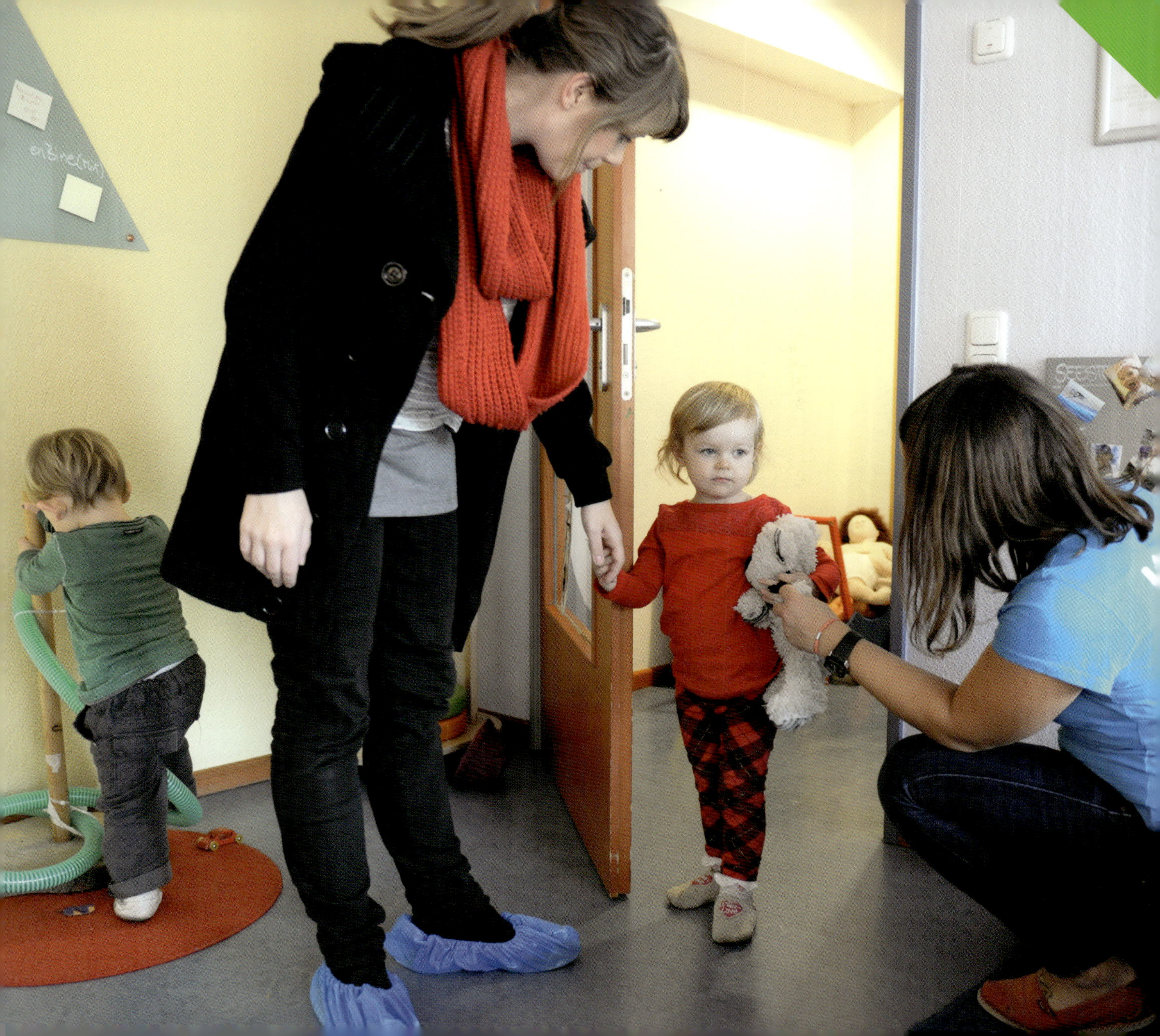

Spätbetreuung

Late afternoon care

Das brauchen die Kinder
- Die Kinder brauchen eine möglichst alltagsnahe Spielsituation in den gewohnten Räumen
- Sie brauchen Erzieherinnen, die gelassen dem Ende des Tages begegnen und keine Feierabendhektik verbreiten
- Sie brauchen ihre gewohnten Spielmaterialien und Spielmöglichkeiten

What children need
- *The opportunity to play as normal in their familiar group room*
- *Self-composed nursery nurses who don't start to get hectic as closing time approaches*
- *Their familiar play materials and games*

Der Tag neigt sich dem Ende und die Kinder gehen allmählich nach Hause. Die Spielkameraden werden immer weniger. Es ist sicher keine angenehme Situation, plötzlich das letzte Kind in der Krippe zu sein. Mit dieser Situation müssen die Erzieherinnen professionell umgehen.

So gelingt's
- Ein gut strukturierter Dienstplan
- Erzieherinnen im Spätdienst, Hilfskräfte allenfalls zur Unterstützung
- Die Gruppen bleiben so lange wie möglich geöffnet
- Möglichst eine Spätbetreuung im Garten, da dort vielfältige Möglichkeiten für die Kinder bestehen
- Verabredungen mit den Eltern darüber, wie lange die Krippe geöffnet haben muss, damit unnötige Spätdienstzeiten vermieden werden können

The day is slowly drawing to a close, and children are gradually being picked up and taken home. Slowly but surely, playmates disappear. It's not pleasant being the last child left in the day nursery, so nursery nurses need to deal with this situation professionally.

How to get it right
- *A well structured rota*
- *Nursery nurses on late shift, temporary workers only as additional support*
- *Groups should remain open for as long as possible*
- *If possible, offer outdoor play time for children remaining in late afternoon care*
- *Discuss with parents how long the day nursery should remain open in order to avoid unnecessary late afternoon shifts*

Darauf achten
- Auf keinen Fall die Kinder anziehen und einfach im Eingangsbereich warten lassen
- Auf keinen Fall schon am frühen Nachmittag die Kinder in einen Raum sperren, um die anderen Räume ordentlich zu halten. Niemand möchte „Käfighaltung" in der Krippe!

Wichtig
Es sollte eine Planung für den Notfall geben, falls ein Kind nicht abgeholt wird.

Important
Develop an emergency plan in case a child is not picked up!

Note:
- *Don't dress children in their coats and hats and make them wait in the entrance area!*
- *Don't shut children into one room early on in the afternoon in order to keep the other rooms clean and tidy! Nobody wants children to be kept in a cage in a day nursery!!*

Spätbetreuung *Late afternoon care*

Ältere Kinder helfen lassen
Allow older children to help

Alter *age 2–3*

Das wird gebraucht
- Zwei Erzieherinnen im Spätdienst

So geht's
Die Kinder, die noch während der Spätbetreuung anwesend sind, können versammelt werden, um mit ihnen gemeinsam die Krippe aufzuräumen. Dabei sollte darauf geachtet werden, dass alle mitmachen können. Diese Aktivität ist deshalb nur für die letzten fünf oder sechs Kinder geeignet, vorausgesetzt, dass diese über zwei Jahre alt sind.

You will need:
- *Two nursery nurses on late afternoon duty*

What to do
Children who remain in the nursery in the late afternoon can be collected into a group to help tidy up the nursery. Make sure all the children can join in. This activity is suitable only when not more than five or six children are left in the nursery, and only if these children are over the age of two.

Spätbetreuung *Late afternoon care*

Spielidee des Nachmittags
Afternoon play idea

Alter *age 1–3*

Das wird gebraucht
- Eine gut durchdachte Wochenplanung
- Zwei Erzieherinnen im Spätdienst

So geht's
Für jeden Nachmittag wird ein Spiel geplant. Jede Erzieherin denkt sich eine besondere Spätdienstaktivität aus und kommuniziert diese über die Wochenplanung. So wissen Eltern und Kinder: Montag wird in der Cafeteria gebacken. Am Dienstag gibt es ein Angebot mit Laufrädern auf der Freifläche. Mittwoch werden am Nachmittag die großen Bausteine hervorgeholt. Donnerstag wird eine große Höhle gebaut, und am Freitag verkleiden und schminken sich die Kinder. Solche Angebote gestalten den Nachmittag abwechslungsreich und locken gleichzeitig auch die Eltern früher in Krippe.

You will need:
- *A good weekly plan*
- *Two nursery nurses on late afternoon duty*

What to do
Plan a different game for each afternoon. Each nursery nurse can choose a late afternoon activity and share this for the weekly plan. Parents and children then know, for example, that the group will be baking in the cafeteria on Mondays, riding scooters outdoors on Tuesdays, playing with building blocks on Wednesdays, making dens on Thursdays and playing with the dressing up box on Fridays. These activities make the late afternoon phase more exciting and varied, and also help to attract parents to come to the day nursery earlier.

Spätbetreuung *Spätbetreuung*

Eltern einbinden
Involving parents

Alter *age 1–3*

Das wird gebraucht
- Eine gute Planung
- Eine regelmäßige und professionelle Kommunikation mit den Eltern
- Wissen über die verschiedenen Berufe und Interessen der Eltern

So geht's
Viele Eltern halten sich gerne in der Krippe auf. Sie interessieren sich dafür, wie ihr Kind den Tag verbringt, mit welchen Materialien es spielt und wie es sich gegenüber anderen Kindern verhält. Daher kann es eine gute Idee sein, Eltern sinnvoll in den Spätdienst zu integrieren. Sei es mit einem Elterncafé, welches die Eltern dazu einlädt, noch ein wenig zu bleiben und gemeinsam mit anderen Eltern in der Cafeteria zu plaudern, oder aber mit einem Angebot, welches Eltern für die Kinder der Krippe durchführen.

You will need:
- *Good planning!*
- *Regular, professional communication with parents*
- *Knowledge about the parents' professions and interests*

What to do
Many parents enjoy coming to the day nursery. They want to know how their children spend their days, what materials they play with and how they interact with other children. Thus it can be a good idea to involve parents in the late afternoon hours. This can be done by setting up a café for parents, where they can sit and chat with other parents, or with a joint parent & child activity in the day nursery.

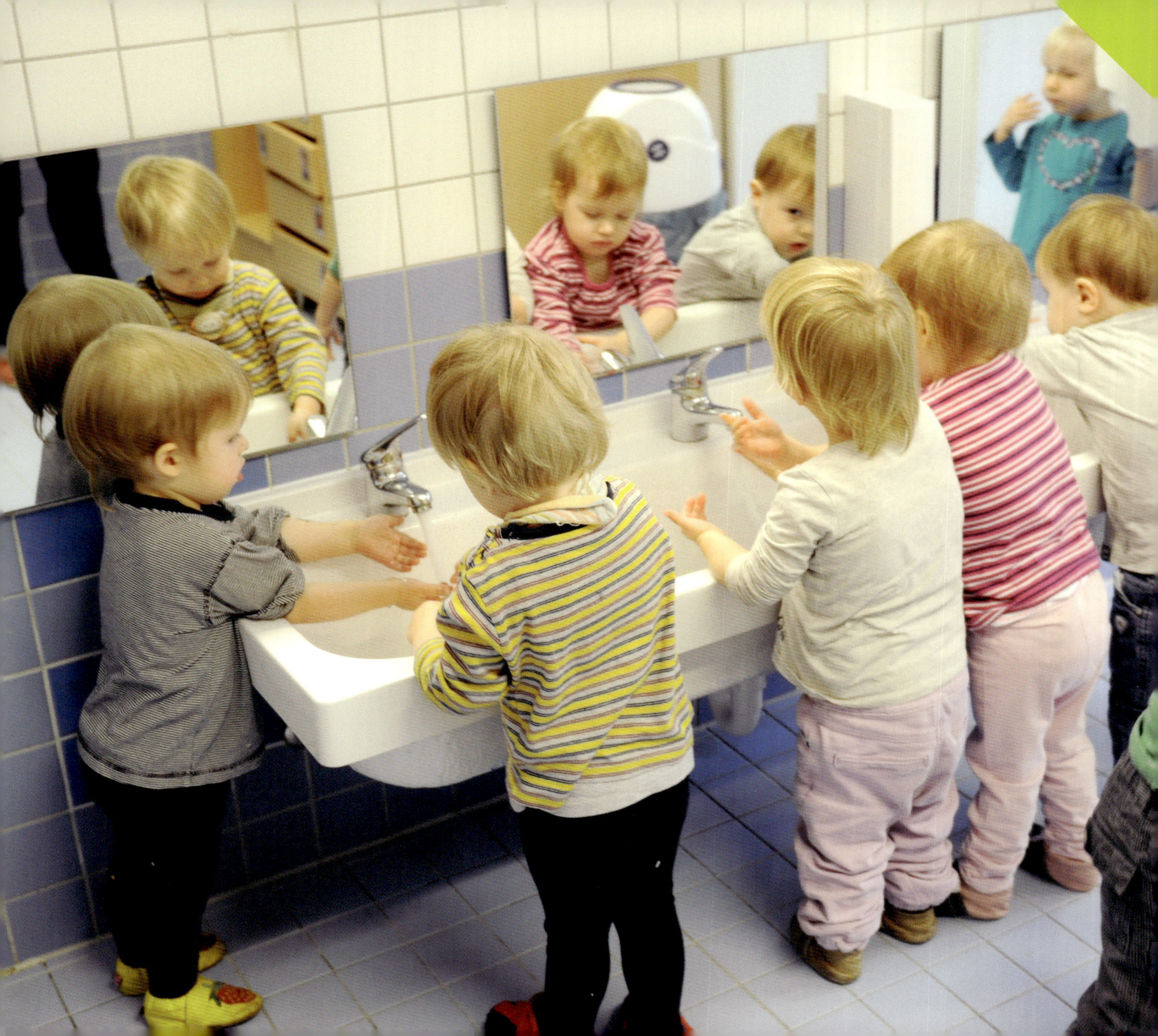

Badzeiten

Wash time

Das brauchen die Kinder
- Zeit für das Erkunden der interessanten Ausstattung
- Zeit zum genussvollen Händewaschen, indem die Falllinie des Wassers genau studiert oder Schaum mit viel Ausdauer erzeugt wird
- Ruhe und Intimität in der Wickelsituation
- Einen kleinen Spielkorb und Sitzgelegenheiten für die Kinder, die in der Nähe der Erzieherin im Bad auf das Wickeln warten

What children need
- *Time and leisure to observe all the fascinating phenomena*
- *Time during washing hands to study the line of greatest slope as the water flows, or make bubbles with soap*
- *A peaceful, intimate atmosphere for changing nappies*
- *seats and a small basket of toys for children waiting near the washroom for their turn to have their nappy changed*

Das Bad im Krippengebäude ist einer der interessantesten Räume für die Kinder. Hier gibt es viel zu sehen: Wasserhähne, Abflüsse, Handtuchspender, Toiletten und Toilettenbürsten sind nur einige Beispiele. Wird der Wasserhahn aufgedreht, entsteht durch das fließende Wasser eine nahezu perfekte Falllinie. Im Abfluss und in der Toilette verschwinden Dinge ebenso wie im Mülleimer. Im Bad wird gewickelt, gecremt, gewaschen und getrocknet. Diese Pflege ist für viele Kinder ein ganz besonderer Moment, haben sie doch die Erzieherin in diesen kurzen Zeiten ganz für sich allein.

So gelingt's
- Ein gut eingerichtetes Bad mit Platz für die Kindergruppe
- Keine Waschbecken; sofern es möglich ist, sind Waschrinnen für die Kinder geeigneter
- Seifen- und Handtuchspender, welche die Kinder leicht erreichen können

The washroom is one of the most fascinating rooms in the day nursery for children. There's so much to see, taps, drains, paper towel dispensers, toilets and toilet brushes being just a few examples. When you turn on a tap, the falling water creates a line of almost perfect slope. Things disappear down the drains and toilets and into bins. The washroom is where children's nappies are changed, and where they wash and dry their hands. For many children, these are special moments – they suddenly have the nursery nurse all to themselves for a short time.

How to get it right
- *A well-furnished washroom with space for the group*
- *One long trough sink rather than individual sinks*
- *Soap dispensers and paper towel dispensers in easy reach of the children*

Darauf achten
- Toiletten faszinieren, da in ihnen Wasserfälle erzeugt werden können und Dinge verschwinden. Die Kinder im Krippenalter sind an der Objektpermanenz der Dinge interessiert. Die Frage „Ist da noch etwas, was ich nicht mehr sehen kann?" bekommt im Toilettenbecken eine ganz neue Qualität. Wer nicht möchte, dass Kinder Spielzeug und alle erdenklichen Dinge im Klo versenken und dazu noch den Oberkörper im Toilettenbecken baden, versperrt die Toilettentüren in der Wickelzeit.
- Meist muss die ganze Gruppe mit ins Bad, zum Händewaschen und Wickeln. Da ist es sinnvoll, ein Areal im Bad abzutrennen und mit Sitzgelegenheiten und Spielkörbchen auszustatten. So sind die Kinder, die grade darauf warten, beim Wickeln an die Reihe zu kommen, gut beschäftigt.

....

Note:
- *Toilets are fascinating because they can produce waterfalls and make things disappear. Toddlers are intrigued by the permanency of objects. The question "Is something still there, even when I can't see it any more?" gains a whole new dimension in a toilet bowl. If you don't want toys and other objects – or even limbs! – disappearing down or getting stuck in the toilet, make sure to block the toilet doors whilst you're busy changing nappies.*
- *Generally speaking, the whole group has to go to the washroom at the same time to wash hands and change nappies. For this reason, it makes sense to apportion off an area of the washroom where children can sit and play. This keeps them occupied as they await their turn to be changed.*

Badezeit *Wash time*

Planschzeit in der Waschrinne
Splash time in the trough sink

Alter *age 2–3*

Das wird gebraucht
- Eine zweite Erzieherin
- Eine Waschrinne
- Handtücher für die Kinder
- Wasser, das mit Lebensmittelfarbe angerünt ist
- Becher und Trichter; am besten geeignet ist das Material einer handelsüblichen Wasserwerkstatt

So geht's
Diese Idee ist fast ein Bildungsangebot. Die Waschrinne wird mit Wasser gefüllt. Die Kinder werden je nach Raumtemperatur bis auf den Body oder die Windel ausgezogen. Becher, Trichter, Siebe und Schläuche stehen bereit. Die Kinder können nun nach Herzenslust schütten, gießen und planschen. Es kommt zu einem Höhepunkt, wenn die Erzieherin ganz vorsichtig an einem Ende des Beckens gefärbtes Wasser einfüllt. Die Farbe verbreitet sich in Schleiern und Schlieren im Wasser und bildet faszinierende Muster.

You will need:
- *A second nursery nurse*
- *A trough sink*
- *Towels for the children*
- *Water mixed with food colouring*
- *Beakers and funnels; conventional waterplay toys are ideal here*

What to do
This idea is subtly educational. First fill the trough sink with water. Depending on the temperature in the room, undress children until they are wearing only a nappy and romper. Get out beakers, funnels, sieves and tubes and allow the children to tip, pour and splash to their hearts' content. The highlight comes when a nursery nurse carefully squeezes a few drops of food colouring into the water at one end of the trough. The colour threads and spreads through the water, creating fascinating patterns.

Badezeit *Wash time*

„Wo bleibt das Kacka?!"
"Where's poo?"

Alter age 2–3

Das wird gebraucht
- Eine niedrige Kindertoilette
- Lebensmittelfarbe, mit Wasser verdünnt
- Einen Behälter zum Gießen

So geht's
Toiletten faszinieren Kinder. Sie sehen, dass in der Toilette Dinge verschwinden und wollen dieses Phänomen immer wieder sehen. Auch hier hilft Lebensmittelfarbe. Die Erzieherin ist bei den Kindern, die am Toilettenbecken stehen und immer wieder die Spülung betätigen. Sie gießt gefärbtes Wasser in die Toilette, dann darf ein Kind spülen, und schon ist die Farbe verschwunden.

You will need:
- *A low children's toilet*
- *Food colouring, diluted with water*
- *A container for pouring*

What to do
Children are fascinated by toilets. They see things disappear down toilets, and want to repeat the process as often as possible. Food colouring can be helpful here. The nursery nurse stands next to the children, who are responsible for flushing the toilet. She pours coloured water into the toilet. The children can then flush the toilet and watch the colour disappear.

Badezeit *Wash time*

Die Mülleimer-Untersuchung
Exploring the bin

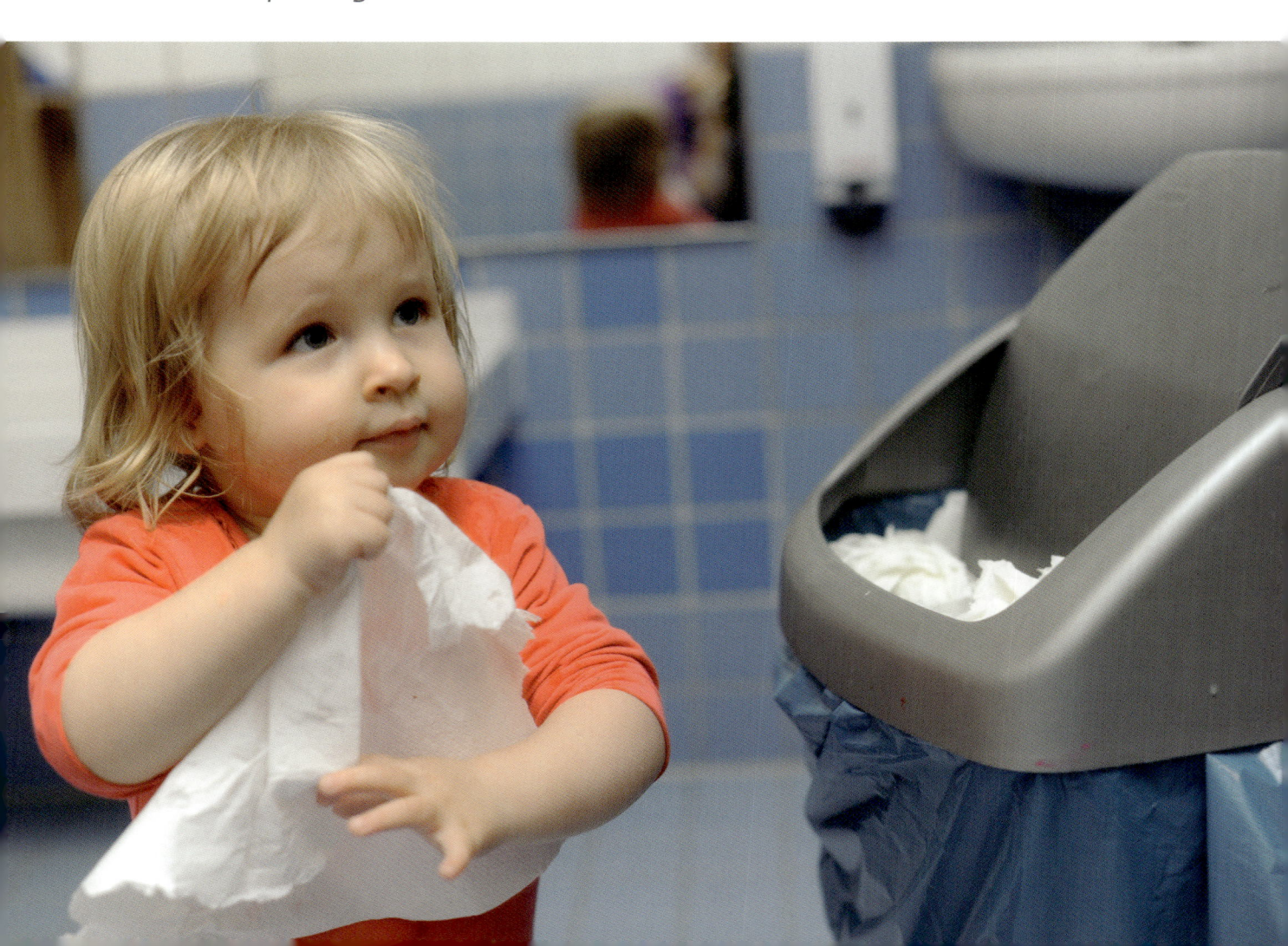

Alter *age 1–3*

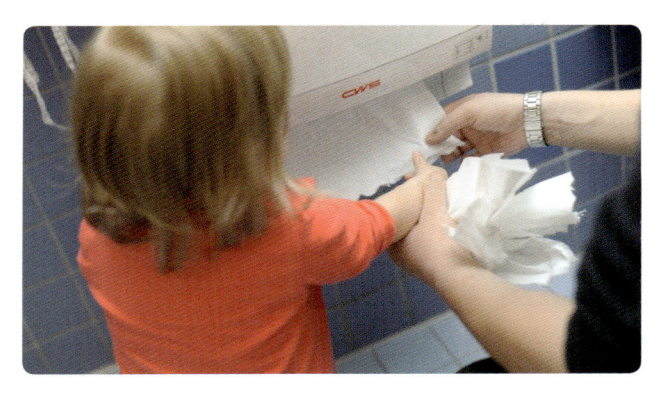

Das wird gebraucht
- Ein unbenutzter Mülleimer mit Schwenkdeckel; am besten das gleiche Modell, welches auch im Bad der Krippe verwendet wird. Vorsicht: Am Schwenkdeckel kann man sich einklemmen. Die Kinder sollten darauf aufmerksam gemacht werden!
- Genügend größere Papierstücke aus Zellstoff

So geht's
In Mülleimern verschwinden Dinge. Im Bad sind es meist die Papierhandtücher und benutzte Windeln. Trotz des strengen Geruchs zeigen sich die Kinder vom Mülleimerdeckel fasziniert. Daher ist es eine gute Idee, wenn die Kinder den Mülleimer in Ruhe untersuchen dürfen. Die Erzieherin stellt einen sauberen Mülleimer mit Schwenkdeckel bereit. Sie hat Papierstücke aus Zellstoff bereitgelegt. Die Kinder beginnen nun damit, die Papierfetzen in den Mülleimer einzufüllen. Sind alle Schnipsel im Eimer, wird dieser ausgeleert und der Spaß beginnt von vorn.

You will need:
- *An unused bin, preferably with a swing lid, and preferably identical to the bin in the wash room. Caution: little fingers can get trapped in swing lids – make sure children are aware of the danger!*
- *Large pieces of paper towel*

What to do
Things disappear into bins. In the washroom, this mainly applies to paper towels and dirty nappies. Despite the unpleasant odour, children are magically attracted to bins. So it's a good idea to allow children an opportunity to explore the bin at their leisure. The nursery nurse gives the children a clean bin with a swing-top lid. She places pieces of paper towels next to the bin. The children now begin to push the paper towels into the bin. Once they're all inside, the bin can be emptied and the game begin again.

Badezeit *Wash time*

Seifenschaum
Soap bubbles

Alter *age 1–3*

Das wird gebraucht
- Eine Waschrinne
- Milde Handseife
- Schwämme

So geht's
Seifenschaum ist ein faszinierendes „Material". Er entsteht, wenn seifiges Wasser mit den Händen gerührt und geknetet wird. Ein Schwamm kann bei der Herstellung helfen. Wieder wird die Waschrinne mit Wasser gefüllt. Dieses Mal kommt jedoch nur wenig Wasser hinein, sodass der Boden nur leicht bedeckt ist. Dann wird die flüssige Handseife dazugegeben. Die Kinder bekommen kleine Schwämme und können nun Schaum und Seifenblasen entstehen lassen. An der Waschrinne können je nach Länge bis zu fünf Kinder nebeneinander stehen.

You will need:
- *A trough sink*
- *Mild soap*
- *Sponges*

What to do
Soap bubbles are fascinating. They appear whenever children rub their hands together in soapy water. A sponge can also help to make bubbles. Fill the trough sink with water. Fill the trough sink with a shallow layer of water. Now add some liquid soap. Give the children sponges so that they can make the water froth up and create soap bubbles. Depending on how wide the trough sink is, up to five children can play this activity at the same time.

Schlusswort
Closing remarks

Durch den Tag mit Eltern, Kindern und Erzieherinnen

Ein Tag in der Krippe ist, wie wir gesehen haben, eine komplexe Angelegenheit. Jede Phase hat ihre Besonderheiten. Der Krippenalltag bindet unterschiedliche Personengruppen ein. Mal sind Eltern, Kinder und Erzieherinnen gefordert, wie etwa bei den Bring- und Abholzeiten. In der Schlafsituation und bei der Pflege begegnen sich Kind und Erzieherin ganz nah und persönlich. Während der Mahlzeiten sind Kinder, Erzieherinnen und Küchenpersonal gemeinsam aktiv. Die einzelnen Phasen geben dem Tag eine Struktur, bieten aber auch Herausforderungen, da die Übergänge gut gestaltet werden müssen.

Wenn der Tagesablauf verändert wird

Nicht alle Tage in der Krippe folgen demselben Muster. Feste, Feiern, Ausflüge und besondere Aktivitäten, wie beispielsweise der Besuch einer Theatergruppe, durchbrechen das gewohnte Muster. An solchen Tagen kann es vorkommen, dass das Frühstück verkürzt werden muss, der Morgenkreis ausfällt und die Mittagsmahlzeit an einem anderen Ort eingenommen wird. In der Krippe ist dies eher selten und meistens auch nur für die älteste Gruppe von Bedeutung. An solchen Tagen brauchen die Kinder mehr Aufmerksamkeit als gewöhnlich und genügend Erwachsene, die sich um sie kümmern. Denn kleine Kinder werden von Veränderungen leicht irritiert, brauchen ihren vertrauten Rhythmus und die ihnen bekannte Umgebung.

Übergaben sinnvoll gestalten

Jeden Morgen und jeden Nachmittag findet eine Übergabe statt: Das Kind wird von der Mutter an die Erzieherin übergeben und umgekehrt. Die kleinen Kinder wandern von Arm zu Arm. Die größeren Kinder laufen zwischen den

Through the day with parents, children and nursery nurses

As we have seen, a typical day in a day nursery is a complex matter. Each phase is different in its own special way. Different groups of people are involved in daily life in the nursery. Sometimes demands are simultaneously made on parents, children and nursery nurses — at arrival time and picking-up time, for example. During the midday nap time and nappy changing time, children and nursery nurses enjoy very intimate moments. During mealtimes, the children, nursery nurses and kitchen staff are all active. The various phases of the day give it structure, but the transition phases can be challenging, and need to be carefully planned.

When changes are made to the daily routine

Not always do days in the nursery follow the same pattern. Festivities, celebrations and special activities — such as a visiting theatre group — will interrupt the normal routine. On such days, breakfast may need to be curtailed, or morning circle time cancelled, or lunch eaten in a different room. However, such occurrences are rare in day nurseries, and normally only affect the oldest age group. On such days, children will require more personal attention than usual, as well as enough adults to take care of them. This is because small children are easily confused by change; they need familiar routines and a familiar environment.

Planning handovers

Handovers take place every morning and every afternoon: first the parents hands the child over to the nursery nurse, then the other way round. Small children are passed from arm to arm. Older children run past the adults and in and out of the nursery. The brief handover moment is a perfect opportunity for the day nursery to collaborate with the

Beinen der Erwachsenen hindurch in die Krippe hinein und wieder hinaus. Der kurze Moment der Übergaben bietet viele Möglichkeiten für die Zusammenarbeit von Krippe und Elternhaus. Einige gut überlegte und positiv emotional aufgeladenen Worte von der Erzieherin an die Mutter oder den Vater schaffen Vertrauen und festigen die Beziehung: „Max war heute so ein großartiger Helfer im Garten. Er hat mit mir zusammen das Gemüsebeet geharkt und wollte gar nicht damit aufhören." Dies wäre ein Beispiel dafür, dass die Erzieherin einen besonderen Moment des Tages aussucht und diesen den Eltern gegenüber betont. Hier wird deutlich, dass das Kind im Mittelpunkt der Übergabesituation steht.

Sachinformationen und Erinnerungen sollten eher nebensächlich erwähnt oder per Aushang, Elternbrief oder E-Mail übermittelt werden. Kluge Erzieherinnen legen sich zu jedem Kind eine Geschichte des Tages bereit, die sie den Eltern in der Abholzeit übermitteln. Auch für die morgendliche Übernahme der Kinder ist es wichtig, eine kleine persönliche Anekdote in den kurzen Austausch mit den Eltern einzubauen.

parents. By directing a few carefully chosen, emotionally positive words to the mother or father, the nursery nurse can generate trust and strengthen the relationship. "Max was a great help outside today. He helped me rake the vegetable plot – I could hardly get him to stop!" is one example of how the nursery nurse could pick one special moment from the day to pass on to the parents. This also makes it clear that the focus of the handover is on the child.

Anecdotes should be related "in passing", and organisational information communicated via the notice board, letter or email. A sagacious nursery nurse will think of one anecdote for each child to share with the parents at the end of the day. During the morning handover, it's also important to include a small personal anecdote when chatting with the parents.

Basic principles
Naturally, the daily routine is more than just a sequence of individual elements. The different elements should always counterbalance each other. The daily routine serves to subdivide the events of the day. So it's very important that

Grundsätzliches zum Schluss

Der Tagesablauf ist natürlich keine Aneinanderreihung einzelner Elemente. Wichtig ist stets das ausbalancierte Zusammenspiel der einzelnen Phasen. Der Tagesablauf dient der Gliederung des Tagesgeschehens. Deshalb ist es absolut notwendig, dass alle Phasen des Tages ineinander übergehen und ohne Brüche gestaltet werden.
Jeder Tag folgt dem gleichen Muster, und doch ist jeder Tag ein besonderer. Die Ideen und Aktionen der Erzieherinnen sorgen dafür, dass die Kinder eine angenehme und aktivierende Zeit verbringen, in der sie ihr Lernbedürfnis ausleben können. Denn jeder Tag ist für Krippenkinder ein Lerntag.
Die Tagesstruktur beeinflusst auch die soziale Gemeinschaft. Alle Elemente des Tages dienen auch dazu, die Gemeinschaft zu würdigen, zu pflegen und zu festigen, zum Beispiel wenn im Morgenkreis jedes Kind begrüßt wird oder alle gemeinsam zur Vesper über das Wetter nachdenken. Jede Tageszeit ist auch die Zeit der sozialen Gemeinschaft.

each phase glides smoothly into the next, without feeling disrupted.
Each day follows the same pattern, yet each day is different and special. The nursery nurses think up ideas and activities to ensure the children spend a pleasant and stimulating day in which they can quench their thirst for learning. Because every day in a day nursery is a day for learning new things! The structure of the day also influences the sense of community. Each phase of the day pays tribute to the group spirit, and helps to foster and strengthen bonds – as each child is welcomed to the morning circle time, for example, or when the group chats about the weather as they eat their afternoon snack. Every moment of the day is also a moment spent in a group.
For parents, the daily routine is an important structure which helps them to organise their own lives. Thanks to the daily routine, they know what their child will be missing if it has to go for a check-up, or when best to pick up their child if they want to spend the afternoon together.
Nonetheless, many parents find it hard to imagine exactly

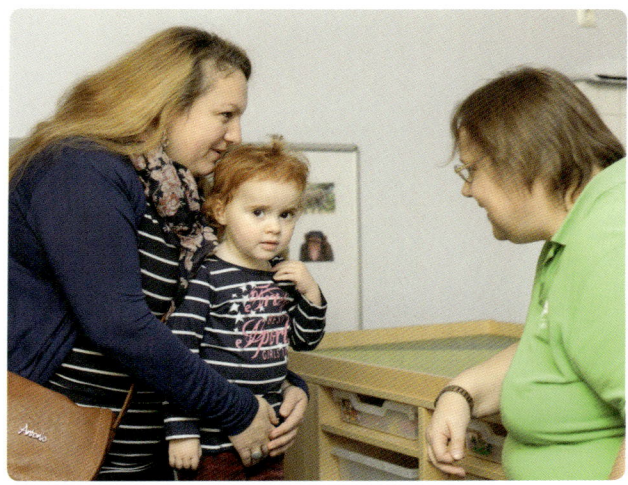

Der Tagesablauf ist für Eltern eine wichtige Struktur, mit deren Hilfe sie sich selbst organisieren können. Sie wissen so besser, was ihr Kind verpasst hat, wenn der Kinderarztbesuch einmal länger dauert, oder wann sie ihr Kind abholen können, wenn ein gemeinsamer Mutter-Kind-Nachmittag ansteht.
Trotzdem können sich viele Eltern nicht viel unter den einzelnen Tagesphasen vorstellen. Deshalb ist es eine gute Idee, sie gelegentlich zu einem Hospitationstag in die Krippe einzuladen.

what happens during the different phases of the day. So it's a good idea to invite them to sit in for a day in the nursery.

Autoren
Authors

Antje Bostelmann
Antje Bostelmann ist ausgebildete Erzieherin und bildende Künstlerin. 1990 gründete sie Klax, anfangs als private Malschule und Nachmittagsbetreuung mit künstlerischem Schwerpunkt, heute ein überregionaler Bildungsträger mit Krippen, Kindergärten und Schulen in Deutschland und Schweden. Sie entwickelte die Klax-Pädagogik, ein modernes pädagogisches Konzept, welches das Kind in den Mittelpunkt der pädagogischen Arbeit stellt und das allen Einrichtungen von Klax zu Grunde liegt. Sie entwickelt Lern- und Spielmaterialien für die Arbeit in Kindergarten und Krippe und gibt als Referentin bei Kongressen, Workshops und Fortbildungen ihre Erfahrungen und Ideen weiter. Seit 1995 hat sie zahlreiche pädagogische Fachbücher veröffentlicht, darunter viele Bestseller. Antje Bostelmann ist Mutter von drei Kindern und lebt in Berlin.

Dr. Christian Engelbrecht
Christian Engelbrecht hat Literatur- und Theaterwissenschaft an der Universität Leipzig studiert und wurde zum Dr. phil promoviert. Er hat anschließend als Theaterdramaturg, Theaterpädagoge und als Hochschuldozent gearbeitet. Er ist Mitarbeiter in der pädagogischen Entwicklung bei Klax.

Antje Bostelmann
Antje Bostelmann is a qualified educator and artist. In 1990, she founded Klax – which started out as a private painting school and after-school club with an emphasis on art, and is now a supraregional education provider with playgroups, kindergartens and schools in Germany and Sweden. She developed Klax pedagogy – a modern pedagogical concept which places the child at the centre of pedagogical work, and which is the foundation for all Klax institutions. Antje Bostelmann develops learning and play materials for work in kindergartens and playgroups, and presents her experiences and ideas at congresses, workshops and training sessions. Since 1995, she has published numerous specialist publications on the subject of pedagogy, including many bestsellers. Antje Bostelmann lives in Berlin with her three children.

Dr. Christian Engelbrecht
Christian Engelbrecht took a degree in literature and theatre studies, and a doctorate from the University of Leipzig. Subsequently, he worked as a dramatic advisor and educator in theatres and as a lecturer at several universities. He works in educational development at Klax.

Antje Bostelmann
Michael Fink

Elementare Spielhandlungen von Kindern unter 3
Erkennen, Begleiten, Fördern

English translation included

Dinge verstecken, vollgestopfte Taschen herumschleppen oder immer wieder genussvoll den Löffel auf den Boden fallen lassen: Das Tun kleiner Kinder wirkt oft merkwürdig und ziellos auf uns. Aber all diese wiederkehrenden „elementaren Spielhandlungen" sind Wege des Kindes, die Welt zu begreifen. Es lohnt sich, diese Spielhandlungen genauer zu betrachten und im Alltag zu beobachten, denn sie sind der Schlüssel für eine maßgeschneiderte Förderung aller Kinder in der Gruppe.

Elementare Spielhandlungen von Kindern unter 3
Erkennen, Begleiten, Fördern

Antje Bostelmann, Michael Fink

2., vollständig überarbeitete und erweiterte Auflage 2015, 122 Seiten, Ringbuch, zweisprachig: Deutsch-Englisch
ISBN 978-3-942334-56-3

Erhältlich im Online-Shop auf **www.bananenblau.de**

BANANENBLAU
Der Praxisverlag für Pädagogen

Gute Pädagogik
findet man nicht überall

Inhouse-Seminare für Krippen, Kitas und Schulen

Sie suchen für sich und Ihr Team Fortbildungen zu aktuellen pädagogischen Themen? Wir kommen zu Ihnen in die Einrichtung und richten unsere Seminare ganz nach Ihren Bedürfnissen aus. Dabei setzen wir gezielt an Ihrem individuellen Weiterbildungsbedarf an.

Wir bieten unter anderem Fortbildungen zu folgenden Themen an:

- **Die Portfolio-Methode in Krippe, Kindergarten oder Schule**
- **Spezialisierung im Bereich Krippe – Eingewöhnung, Entwicklungsbegleitung, Raumgestaltung und Materialauswahl**

Desweiteren bieten wir Führungen, Hospitationen, Fachtage, Vorträge und Workshops an.

Institut für Klax-Pädagogik

Arkonastr. 45-49, 13189 Berlin
Tel.: 030-477 96 0

institut@klax-online.de
www.klax-institut.de